职场不焦虑

守护员工

心理健康的

72式

王大伟　胡艺馨 · 著

山东人民出版社·济南
国家一级出版社　全国百佳图书出版单位

图书在版编目（CIP）数据

职场不焦虑 / 王大伟，胡艺馨著. -- 济南 : 山东人民出版社，2024. 7. -- ISBN 978-7-209-15249-5

Ⅰ. C913.2

中国国家版本馆 CIP 数据核字第 2024X8Y455 号

ZHICHANG BU JIAOLÜ

职场不焦虑

王大伟　胡艺馨　著

主管单位　山东出版传媒股份有限公司
出版发行　山东人民出版社
出 版 人　胡长青
社　　址　济南市市中区舜耕路517号
邮　　编　250003
电　　话　总编室（0531）82098914
　　　　　市场部（0531）82098027
网　　址　http：//www.sd-book.com.cn
印　　装　济南万方盛景印刷有限公司
经　　销　新华书店

规　　格　16开（169mm × 239mm）
印　　张　14.75
字　　数　260千字
版　　次　2024年10月第1版
印　　次　2024年10月第1次
ISBN 978-7-209-15249-5
定　　价　42.00元

序

作为一名长期专注于职业健康心理学与员工心理援助（EAP）的研究者与实践者，我坚信职场心理健康不仅是个人幸福感的基石，更是组织可持续发展的核心动力。通览全书，我深刻感受到此书既扎根于心理学经典理论，又紧扣当代职场痛点，堪称一本“现代职场心理健康的百科全书”。

本书第一编以“高效工作的心理法门”开篇，直击职场人效率与心态的双重困境。无论是“模糊表达更懂人心”对沟通心理的巧妙拆解，还是“短暂休息使问题更容易解决”对认知负荷的精准把控，均体现了本书对职场心理的深入剖析及其场景化呈现。尤为可贵的是，书中并未止步于“技巧罗列”，而是深入剖析各类现象背后的社会心理规律，引导读者从被动应对转向主动预判。本书以前瞻性的思维方式，通过心理科普助力实现职场心理健康的前瞻性预防。它不仅帮助个体提前识别潜在的心理健康风险，还培养主动管理自身心理状态的能力，从而在职场中保持长期的心理韧性和适应力。

第二编将视角投向组织管理领域。从“权威说服力的边界”到“奖励与内在动机的博弈”，从“团队价值观的引力”到“止损决策的理性与感性”，每一章节都在回应一个根本议题：如何让管理既符合人性规律，又可以激发组织效能？本书以大量企业案例与实证数据为支撑，为管理者构建健康组织提供了实战指南。

第三编是“从忙碌到平衡”的篇章，恰似一剂治愈现代人角色冲突的良药。无论是“亲子教育中的期待力量”“家庭情绪传染链的切断”，还是“人生剧本的角色清醒”，均展现出心理学对个体生命周期的全景关怀。书中提出的“警惕甜蜜陷阱”“别拿错生活的剧本”等观点，既是对社会浮躁风气的理性批判，亦是对个体心灵栖居的温柔指引——职场与生活的平衡，本质是自我价值与角色责任的动态统一。

我认为《职场不焦虑》这本书的出版并不偶然。王大伟教授作为国际员工帮助计划协会中国分会理事、中国社会心理学会组织与员工社会心理援助专委会（EOA）委员，长期从事职业健康和EAP的相关研究与实践工作，为职业健康心理学的学术发展和应用创新做出了重要贡献。王大伟教授及其团队在员工心理健康、情绪调节、行为管理等方面取得了显著成绩，在International Journal of Clinical and Health Psychology等SSCI/CSSCI学术刊物上发表文章近100篇。他主持了多个重要科研项目，包括国家自然科学基金面上项目、国家社会科学基金一般项目等20余项国家和省部级课题。在实践应用方面，王大伟教授先后服务山东省干部学院、胜利油田、中建八局、中铁十局等近百家企事业单位。他的研究不仅推动了职场健康心理学的学术发展，也为社会和企业提供了切实可行的心理健康干预方案，助力职场人士缓解焦虑、提升工作幸福感。本书的出版得到了国家社会科学基金“十四五”规划2021年度教育学一般项目的支持。

本书的深层价值在于将心理学智慧转化为职场与生活的“韧性修炼术”。每一“招式”背后，皆有一套认知逻辑；每一案例解析，皆在传递一种成长型思维。作为读者，你或许会因书中“非常识的真相”而醍醐灌顶，也可能因“共情式的问题诊断”而豁然开朗。更重要的是，愿你能以此为锚，在变革与压力的浪潮中，构建属于自己的“心理免疫系统”，让职场不再是焦虑的战场，而是自我实现的沃土！

赵然

中央财经大学　心理系教授

国际EAP协会中国分会名誉主席

自 序

在当今瞬息万变的社会环境中，职场压力对个体心理健康的影响日益显著。职场既是铸就梦想的舞台，也是充满挑战的竞技场，它让我们实现自我价值和职业抱负，也在无形中考验着每个人的心理韧性和情绪管理能力。职场压力、职业倦怠等问题，犹如悬在每位工作者心头的“达摩克利斯之剑”。《职场不焦虑》正是在这样的背景下应运而生，旨在为职场人士送上一缕温暖的心灵慰藉。

本书致力于增强职场人士的心理韧性与幸福感，帮助营造一个健康、积极向上的职场氛围。通过深入剖析职场人士的心理难题与焦虑根源，本书力求推动员工心理健康与组织长远发展的和谐统一，创造一个双赢的环境，让员工在实现个人成长的同时，也能为组织的可持续发展注入持久动力。

全书分为三编九章，全面剖析职场焦虑的根源并提供系统的解决方案。第一编聚焦高效工作、职场真相、职场社交，旨在帮助读者缓解工作压力，提高效率，并在职场交往中游刃有余。第二编探讨领导法则、团队建设、成功技巧，这部分内容不仅为管理者提供了减少团队焦虑的方法，也为员工指明了在组织中实现自我价值、减少职业倦怠的途径。第三编则聚焦社交指南、亲子教育和家庭守护等，致力于帮助读者在工作与生活之间找到平衡，减少因角色冲突带来的焦虑。本书结合心理学理论与实际案例，分析职场中的心理健康挑战，并提出切实可行的应对策略。在内容呈现上，本书注重理论与实践的紧密融合，不仅剖析了心理学原理在职场中的应用，还采用简洁明了的叙述方式，辅以丰富的案例和数据，使内容既生动易懂，又保持学术严谨，便于读者理解和应用。

如果您是一位身处职场、时常感到压力与焦虑的工作者，希望这本书能成为您心灵的慰藉与指引，帮助您找到守护心理健康的法宝；如果您是一位企业领导者或人力资源管理者，正致力于构建一个更加健康、高效的职场环境，希望这本书能为您提供丰富、有效的策略与方法，助力您在员工心理健康管理方面取得新的突破。无论您是职场新秀，还是经验丰富的精英，《职场不焦虑》都将是您必不可少的职场挚友。

多年来，我和团队在心理学领域，尤其是职场心理健康方面进行了广泛而深入的研究。我们关注员工工作压力、人力资源管理、工作家庭平衡等职业心理健康的核心议题，同时积极与企事业单位合作，将理论研究转化为实际应用。这些经历使我深刻认识到心理学知识在提升职场幸福感和工作效率方面的重要价值。我相信，心理学的知识可以成为每个人应对职场挑战、实现个人成长的有力工具。衷心希望每位读者都能从本书中汲取力量、启迪智慧，守护好自己的心灵家园，在职场的征途上步履稳健、自信前行。

本书的顺利完成，凝聚了整个团队的智慧与心血。各章节参与的主要人员如下：第一章，王筱渺、逄翠雨；第二章，刘阳、卢姿颖；第三章，孙隆绪、宗天琦；第四章，吴丹、孙隆绪、王煜；第五章，吴丹、卢姿颖；第六章，宗天琦、王蝶；第七章，杨燕玲、王蝶；第八章，王煜、逄翠雨；第九章，王煜、刘阳。乔秀青、王煜、王筱渺在章节内容的设计与整体工作统筹方面发挥了关键作用，最后由我和胡艺馨老师审校与定稿。此外，还有毛文勖、张琳芮、李沐泽等同学为本书的完成提供了宝贵的支持与帮助。回首这段创作历程，我为团队成员的专业素养、协作精神以及他们对心理学科普的热忱感到由衷的骄傲。

在本书即将付梓之际，我要特别感谢常纪栋编辑与山东人民出版社领导对本书的大力支持与悉心指导，感谢为本书付出辛勤努力的每一个人，更要感谢我的家人对我一如既往的关爱与支持。

王大伟

2024 年于泉城济南

目录
Contents

第一编

从“菜鸟”到“大咖”的职场发展之路

第一章

高效工作的心理法门

第一节　模糊的表达更懂人心

一　心理大剧场

“它真的好懂我”

小李毕业不久，满怀憧憬地进入一家大型公司开始他的职业生涯，然而，最近几周他却是接连受挫。小李犯了一些初入职场者难免会犯的错误，为此他对前景感到一片迷茫，与此同时，他与女友的关系也岌岌可危，最终以分手告终，这些打击让他觉得陷入了一片漆黑的深渊。心情沉重的小李不愿将这些烦恼传递给家人，他怕让他们担心，也怕因为自己的脆弱而让父母失望，于是在一天晚上，他独自前往附近的超市买酒，希望酒精能够让自己暂时忘却烦恼，至少在片刻间远离那些让他感到束手无策的问题。

站在货架前，小李感到有些手足无措，他对于琳琅满目的各式酒类一无所知，他不知道该选择什么样的酒，目光在各种品牌之间游走。货架上一瓶酒的标签引起了小李的注意，这瓶酒名为“江某白”，标签上写着：“孤独就是——有的人无话可说，有的话无人可说。”这句话深深地触动了小李内心深处的某个角落。或许是因为他觉得这瓶酒理解了他此刻的心境，也或许是他在这句话中找到了一种共鸣。小李不禁感叹道：“这瓶酒好懂我啊！”于是，他毫不犹豫地拿起了这瓶酒，带着一些期待和解脱的心情走向收银台。

二 慧眼识问题

小李看到酒瓶上的标签“孤独就是——有的人无话可说，有的话无人可说”，感到这句话深深地触动了他内心深处的某个角落，但标签上的描述是相对模糊而宽泛的，可以适用于很多人的情境。这种模糊性使得人们更容易将其解读为符合自己的经历和感受，觉得这瓶酒好像理解了自己此刻的心境，这就是巴纳姆效应。

巴纳姆效应是一种心理现象，指人们会觉得一些人格描述非常精准地反映了自己的性格特点，但实际上这些描述往往非常模糊笼统，以致可普遍适用。巴纳姆效应又被称为福勒效应或弗拉效应。产生巴纳姆效应的原因是轻信。在日常生活中，我们很多时候都得借助外界信息来认识自己，也正因如此，在认识自我时我们很容易受外界信息的暗示，并把他人的言行作为自己行动的参照。

心理学家伯特伦·福勒通过实验验证了这一效应的存在。在这项实验中，福勒对一组学生进行了一项人格测验。他从星座与人格关系的描述中搜集了一系列适用于描述大多数人的内容。以下是其中的具体描述：“你企求受到他人喜爱却对自己吹毛求疵。虽然人格有些缺陷，大体而言你都有办法弥补。你拥有可观的未开发潜能，尚未就你的长处发挥。看似强硬、严格自律的外在掩盖着不安与忧虑的内心。许多时候，你严重质疑自己是否做了对的事情或正确的决定。你喜欢一定程度的变动并在受限时感到不满。你为自己是独立思想者而自豪并且不会接受没有充分证据的言论，但你认为对他人过度坦率是不明智的。有些时候你外向、亲和、充满社会性，有些时候你却内向、谨慎而沉默。你的一些抱负是不切实际的。”实验后，福勒要求学生对测验结果与他们本身特质的契合度进行评分，评分范围为0分到5分，0分表示最低，5分表示最高。结果显示，学生们的平均评分为4.26，即学生们认为这份分析报告高度契合他们自身的特质。像案例中的小李一样，对于那些被认为是为自己“量身定做”的人格描述通常会觉得“这不就是说的我吗”，这一现象反映了人们更倾向于接受与他们已有认知一致的信息，即使这些信息是相当模糊和通用的。

三　职场小锦囊

那究竟该如何正确应用巴纳姆效应，让我们在面对工作时正确认识自己，审慎接受他人评价，做到职场不焦虑呢？这里为大家提供三个小锦囊：

锦囊一：悦纳独特自我，绽放自信光彩

每个人作为一个独立的个体，是缤纷多彩的，因此我们在分析问题时要一分为二地看待。有些描述可能会与某些时刻的自己相符合，但我们也应该去思考我们是否有不符合的时候，现在符合这个描述，未来是否还会一直朝着这个方向前进。比如说，有时候我们被赞誉为“沟通高手”，可能确实在某个项目中我们展现出了出色的沟通能力，但这并不意味着我们永远都是“沟通高手”，也不代表我们在其他方面的能力就有所欠缺。因为随着工作内容和环境的变化，我们的能力、态度和表现都会有所调整。同时，我们无须向那些看起来耀眼的、受大多数人欢迎的描述词语靠近，无论我们有什么优点、缺点，我们都是独一无二的。我们应该珍惜自己的独特之处，发挥自己的优势，找到适合自己的职场发展道路。

锦囊二：秉持理性批判，独醒而不随波逐流

在职场中，每个员工都是独一无二的个体，我们对于自己的认知也应该客观、理性，不随波逐流。当我们在工作中接触到各种信息，比如某些职业测试时，我们不应该轻易地被它们所左右，给自己下定义。相反，我们应该抱着批判的心态，审慎地对待这些信息，从中筛选出对自己真正有用的部分。例如，你参加了一个性格测试，结果显示你是一个内向的人。然而，你深知自己在某些工作场合中能够自如地与他人交流，甚至能够展现出一定的领导才能。这时，你就不应该被测试结果所限制，避免外界不理性的暗示对我们造成影响，并时刻保持清醒的头脑，不被表面的标签所迷惑。

锦囊三：善用技巧共鸣，共建和谐人际

在职场中，与他人打交道是一门艺术。适当运用巴纳姆效应，通过使用模糊而普遍的描述来让对方感觉到被理解和共鸣，这将有助于建立和谐温暖的人际关系。比如，“我觉得你的工作态度非常认真，总是能够按时完成任务”，这样的话语能够让对方感受到你的认可和赞赏，从而增进彼此之间的好感。然而，我们也必须注意适度，避免过度依赖这种效应而忽视了真正的换位思考和用心感受。例如，如果你只是机械地重复一些“套路性”的言语，而不去关心对方的工作困难或个人情绪，那么对方很可能会觉得你的关心只是表面的，缺乏真诚和深度。

四 生活练兵场

在一家互联网公司，刘磊是个热情开朗的员工，擅长与人打交道。随着公司规模扩大，他需要与更多同事合作，其中就包括性格内向的工程师小张。刘磊深知小张话不多，担心合作中会有沟通障碍，于是，初次见面时，他真诚地对小张说：“我听说你技术非常出色，我对你的专业能力非常钦佩。”小张听后露出了难得的笑容，谦虚地表示自己还有很多地方需要提升。在合作过程中，刘磊时常给予小张正面反馈，如称赞他的方案有创意，表达对他工作的称赞。这些话语让小张感受到自己在项目中的重要性。同时，刘磊也会在适当的时候与小张深入交流，了解他的想法和建议。这种真诚的沟通不仅加深了他们的理解和信任，也让项目进展得更加顺利。

刘磊为什么能和小张逐渐拉近关系，最终使得项目顺利进展呢？这对我们的工作有什么启示呢？

答案：因为刘磊巧妙地运用了巴纳姆效应。刘磊通过赞美小张的技术能力，让小张感受到被理解和重视，从而拉近了彼此的距离。这种效应的运用，使得小张更愿意与刘磊合作，也更容易接受刘磊的建议和反馈。

我们在工作中要积极运用巴纳姆效应，但也不能完全依赖这种效应，而是要保持理性的思考和判断。在适当的时候与他人深入交流，了解他人的真实想法和建议，从而做出更合理的决策。这种批判性思维使得我们在与他人的合作中能够避免盲目跟从或过度依赖某种方法。这样我们不仅能够运用巴纳姆效应来拉近与他人的关系，还可以通过正面的反馈和深入的交流来增进彼此的理解和信任。最终使得人际关系更加和谐，也为工作的顺利进展提供了有力的支持。

第二节　避免“一切皆有可能出错”的工作陷阱

一　心理大剧场

“真是怕什么来什么”

小张是一个努力、细心且对工作充满责任感的员工。最近他接到了领导交给的一项任务，他心里明白这项任务对于自己未来的晋升至关重要。于是，他全身心地投入这个任务中，花费了许多时间和精力来收集信息、设计方案、准备 PPT，并确保所有的文件都完成了保存和备份。他想尽一切办法确保工作的顺利完成，不敢有任何疏忽。

然而，就在任务交付的前一天，当小张准备最后一次确认 PPT 时，他震惊地发现自己最终版的 PPT 文件并没有保存。这一意外让他感到震惊和困惑，因为他记得明明非常谨慎地保存了文件。他坐在那里，感到无比沮丧

和焦虑，感叹道：“真是怕什么来什么啊！”但小张并没有陷入恐慌和混乱之中，他深知时间不等人，必须尽快解决问题。经过不懈的努力，他终于在凌晨时分完成了PPT的制作，并于第二天顺利向领导完成了任务汇报。这次任务完成后，小张感到疲惫不堪，但是当听到领导表扬的话语时，他心里充满了成就感和满足感。这次的意外让他更加理解了关注细节的重要性，也更深刻地明白了面对挑战时冷静和果断的重要性。

二 慧眼识问题

案例中的小张在完成任务的过程中小心翼翼，但在发现PPT未保存后还是感到“真是怕什么来什么啊”，小张如此谨慎而认真，还是出现了PPT保存失败的情况，有以下几个原因：第一，在完成任何任务时，都会有出现错误的可能性，无法做到每次任务都完美无瑕，犯错是存在一定概率的；第二，小张对这项任务非常重视，担心出现差错，“千万不要出错，万一出错可就麻烦了”的想法对小张产生了消极的心理暗示，导致了保存失败的现象出现，这恰恰体现了墨菲定律。

墨菲定律是一种心理学效应，由爱德华·墨菲提出，亦称墨菲法则、墨菲定理。墨菲定律指的是，如果有两种或两种以上的方式去做某件事情，而其中一种选择方式将导致灾难，则必定有人会做出这种选择。核心内容是：如果事情有变坏的可能，不管这种可能性有多小，它总会发生。

墨菲定律描述了一种普遍存在的现象，它不仅仅是某一学科的定律，而是一种复合定律。该定律涉及统计学、心理学和社会学这三个层面的概念。

从统计学的角度看，墨菲定律阐述了在进行一项任务时，即便某一结果发生的概率P很小，只要不限制任务的次数n，也就是n趋于无穷时，该结果发生的概率P会无限趋近于1。简而言之，只要有机会，即便概率微乎其微，某种结果最终还会发生。

在心理学方面，墨菲定律指出负面的心理暗示可能对个体产生不利影响，使不良事件发生的概率增加。这意味着个体的信念和态度对事件的发展可能产生实质性的影响。

在社会学层面，墨菲定律强调了社会中的多样性。每个人都有不同的选择，而个体选择的方式可能因各种因素而异。一个人可能选择善良和积极的途径，但并不能保证其他人也会做出相同的选择。社会中的多样性使得墨菲定律的应用更为复杂，因为个体行为往往受到社会环境和他人选择的影响。

三　职场小锦囊

那究竟该如何正确理解墨菲定律，更好地处理突发情况，应对工作中意料之外的挑战，真正做到职场不焦虑呢？这里为大家提供三个小锦囊：

锦囊一：纠正认知偏差，正视失败结果

人们往往倾向于高估成功的可能性而低估失败的风险。我们应意识到这种认知偏差，事先对任务进行全面的风险评估，不盲目乐观，比如在项目开始前进行风险评估，比如全面考虑场地、设备，甚至天气变化可能导致的意外情况，纠正“一切都会顺利”的乐观偏见。同时应接受不完美，认识到任何任务都有出错的可能性，接受“不完美是常态”，从而减轻对失败的恐惧和焦虑。做到从失败中学习，将失败视为成长的机会，从中汲取教训，调整策略，为未来的成功奠定基础。

锦囊二：保持理性分析，培养积极心态

负面心理暗示会对人的心态及行为造成不良影响，很多成功者有积极、阳光、自信这些优点，看起来这对个人能力没什么影响，但是实际上自信的人更容易做好事情。压力过大、心态失常、不够自信这些负面情绪是造成不良结果的常见原因。这就是人们常说的怕什么来什么，因为害怕做不好而心态失常，继而导致失败，由此看来，给自己积极的心理暗示，调整好心态，更有助于成功。

锦囊三：认真对待任务，重视风险管理

墨菲定律强调了意外事件和错误的可能性。在工作中，要有意识地预防潜在的错误和失误，通过计划、准备和实施措施来降低错误发生的概率。考虑到事情可能会出现意外变化，职场中要有备选方案。制订计划时，要考虑到不同情况下的多种可能性，并为此制订相应的对策。在职场中，风险管理是至关重要的，要学会评估和处理潜在的风险，采取适当的措施来减少风险对工作的负面影响。

四 生活练兵场

李华是一家大型企业的员工，最近负责筹备公司的年度客户答谢会。这场会议不仅关乎公司的形象展示，还会影响到下一年度与客户的合作关系。因此，李华对会议的筹备工作格外重视，力求每一个细节都尽善尽美。尽管李华和他的团队提前数周就开始筹备，制订了详细的计划和分工，但意外还是发生了。在会议前一天晚上，他们遇到了几个预料之外的挑战：首先，原定的音响系统在调试时突然出现故障，无法正常使用。虽然他们准备了备用设备，但更换和调试过程耗费了大量时间，让团队一度陷入紧张。不仅如此，一位原计划出席的重要嘉宾因突发疾病无法前来，需要立即联系其他嘉宾填补空缺，并重新调整发言顺序和议程。还有场地租赁方的疏忽，部分装饰物未能按时送达，导致场地布置进度受阻。但李华仍保持着冷静清醒的头脑，顺利解决了这几个突发问题。

上述情况体现了什么心理学效应？如果你是李华，你会如何复盘这次工作呢？

答案：上述情况是墨菲定律在职场生活中的体现。如果我是李华，我首先会带领团队进行全面的风险评估。无论是场地、设备，还是天气变化可能带来的不确定性，都会一一考虑，并制订详细的应对方案。其次，始终保持理性分析，用客观的眼光看待问题，并努力为自己和团队营造积极的氛围。自信是成功的关键，因此要鼓励自己和同事，相信自己的能力，勇敢地面对挑战。最后，要汲取本次任务的教训，重视风险管理，时刻关注项目中可能存在的潜在风险，并为此制订相应的对策。

第三节　差评要比好评“跑”得快

一　心理大剧场

“小失误”引发的“大波澜”

小刘是公司销售部门的经理，他以出色的营销策略和卓越的团队管理能力而受到上司和同事的高度评价。最近，公司研发的新产品通过小刘的巧妙营销策略成功上市，赢得了广泛好评。产品不仅功能出色，而且价格合理，引起了众多电商的关注，纷纷表示愿意合作。然而，美好的局面突然被产品质量问题打破。一位客户在社交媒体上曝光了产品的质量问题，这一事件很快成为热点话题，甚至登上了热搜榜。由于社交媒体的迅速传播，负面

信息扩散得很快，导致产品的声誉急剧下降，销量也迅速下滑。

小刘感到非常沮丧，他陷入对自己和对团队的信任的反思之中。为什么一个小小的失误会引起如此巨大的波澜呢？他在办公室里徘徊，试图找到解决问题的方法。中午，小刘决定去公司楼下的面馆吃饭，希望能够放松一下紧张的神经。然而，让他没想到的是，在面条中竟然看到了一根头发。他感到非常生气，回来后他把这个事情告诉了整个部门的同事，让他们不要再光顾这家店。

就在这时，小刘豁然开朗。他明白了为什么一个小小的失误会引发如此巨大的反响。就像他在面馆里吃到头发一样，尽管这只是一个微小的问题，但在他的心里引起了强烈的不满和愤怒。这种情绪让他感受到客户在面对产品质量问题时的心情。回到办公室，小刘开始重新审视整个事件。他意识到，客户对产品质量的期望是非常高的，一旦出现问题，可能会引起极大的不满。他决定采取积极的措施，及时处理产品质量问题，对受影响的客户进行真诚的道歉和赔偿，并加强与研发团队的沟通，确保类似问题不再发生。小刘和团队经过不懈努力，终于赢回了客户的口碑。

二 慧眼识问题

在案例中，虽然整体来看，产品的效用、价格和用户反馈都很好，但一次质量问题的曝光却导致了消极的热搜和销量下滑。这就像面馆的一根头发一样，瑕疵被放大，影响了整个产品形象。在职场中，一个看似微不足道的问题会扩大成为不利因素，影响整体业绩和声誉。差评要比好评

“跑”得快，这就是阿瓜约效应。

阿瓜约效应指的是一位买主对产品质量满意，他会把这种好的感觉告知其周围的 8 个人，而对产品不满意的话他会把他不好的印象至少告知周围的 20 个人。这个效应首先由美国经济学家拉斐尔·阿瓜约发现并提出，其认为消费者不满意的心态比满意的心态所产生的影响更大。这是因为，顾客认为产品质量不过关是社会所禁止的，是一种侵犯消费者利益的不道德的销售行为。购买了不满意产品，绝大多数人都会产生受挫心理，为了减轻或摆脱这种焦虑的困扰，解除这种紧张状态所带来的不安，购买者就会做出一些心理防卫行为，包括对不满情绪的宣泄。

通过这件事，小刘明白了在职场中特别注意细微之处的重要性。他可以利用这个经验来更加细致地审视自己的工作，保证每一个环节都达到最佳水准，从而降低类似的风险。

三　职场小锦囊

那究竟该如何正确认识阿瓜约效应，在工作中减少负面信息的传播，提升口碑，真正做到职场不焦虑呢？这里为大家提供三个小锦囊：

锦囊一：建立激励机制，提高正面口碑

公司可以设立奖励制度，表彰在工作中表现突出的员工，并鼓励他们将这种正面体验分享给同事。正面的激励机制可以激发员工的工作热情，提高工作效率。通过团建活动、分享会等方式，营造积极向上的工作氛围，让员工感受到工作的乐趣和价值，从而更愿意投入工作，提高工作效率。比如员工可以在团队建设过程中与同事分享自己在工作中的积极经历与体验，来激发其他同事的工作热情。

锦囊二：增强危机公关，真诚对待客户

对于企业员工，一旦发现产品质量问题，要迅速做出反应，及时发布公告并展开危机管理。要与客户保持诚实沟通，解释出现问题的原因，并说明公司将采取的纠正措施。主动与受影响的客户联系，表达歉意，并提供合适的补偿方案，以维护客户关系。积极建立客户反馈机制，及时了解客户的需求和反馈，以便迅速调整和改进产品。

锦囊三：识别消极情绪，谨防负面传播

当你对工作中的某些方面感到不满时，要及时识别并处理这些情绪。通过积极沟通、寻求帮助或调整工作方式等方法，减少负面情绪对工作效率的影响。要意识到自己在工作中的不满情绪可能产生的负面传播倾向，要努力控制自己的言行，避免将负面情绪传递给同事和团队。这样做可以维护一个更加和谐、积极的工作环境。

四 生活练兵场

某家科技公司在推进一个关键项目时，由于时间紧迫且任务繁重，团队成员普遍感受到巨大的工作压力。在这样的背景下，一位员工因连续加班，开始在团队内部抱怨工作过于辛苦，表示自己身心俱疲，难以继续承受。这位员工的抱怨很快在团队内部引起了共鸣，其他员工也纷纷开始表达类似的不满情绪。原本就紧张的工作氛围变得更加压抑，团队士气急剧下降。

为什么一位员工的抱怨会使得整个团队士气下降？这给我们带来什么样的认识和思考呢？

答案：根据阿瓜约效应，负面评价往往比正面评价传播得更快、更广。这位员工的抱怨导致其他员工也纷纷开始表达类似的不满情绪，负面情绪的累积和传播导致整个团队陷入了一种消极、萎靡不振的状态。员工之间的沟通和协作变得困难，互相之间的支持和信任也受到了影响。这种氛围不仅降低了工作效率，还影响了团队成员的心理健康。我们在面对这类情况时，应积极表达自己的意见和建议，同时确保管理层能够及时了解并处理员工的意见。建立畅通的沟通渠道不仅可以减少误解和矛盾的发生，还可以增强团队的凝聚力和向心力。同时，应保持积极乐观的心态，鼓励自己和身边的同事，减少负面信息的传播。

第四节　面对风险时的不同决策

一　心理大剧场

“保守”还是“挑战”

小李在一家投资公司担任经理的职位，最近面临着一个重要而又棘手的决策，对两个截然不同的投资项目进行评估和选择。

项目 A 是一个相对保守的选择。小李翻阅着项目报告，上面清晰地显示着该项目的稳定性和相对较低的风险。这是一个已经被市场验证的方案，虽然回报不太高，但该项目团队可以相对轻松地完成。这个项目让人感到宛如在安全的港湾中航行，可以避开风浪。

在项目 B 的报告中，小李敏锐地察觉到了其中蕴含的挑战与尚未发掘的广阔商机。这个项目的成功将会带来更高的回报，但代价是团队需要付出更多

的努力以及更优秀的资源。这是一个改变市场趋势的机会，但伴随着更大的不确定性和风险。

小李的下属对这两个项目的选择有着不同的看法。有些人倾向于选择项目A，认为稳健的投资策略才是最安全的选择；而另一些人则充满激情地支持项目B，认为只有通过挑战，才能实现更大的突破。一时之间，大家在这个问题上分歧很大，难以做出抉择。

二 慧眼识问题

员工在项目A中看到的是相对保守的选择，强调项目的稳定性和较低的风险。选择项目A的员工更愿意避免损失而不是追求同等的收益，同时项目A提供了一个相对清晰的市场验证，让人感到安全。项目B代表一个更具创新性和挑战性的选择，有可能带来更高的回报。选择项目B的员工因为追求更大的收益而倾向于这个项目，表现出对风险的相对偏好，而且项目B的不确定性和风险被一些团队成员视为挑战和契机。在面对风险时不同的人会有不同的决策，这就是前景理论在生活中的体现。

前景理论是卡尼曼和特韦斯基在1979年提出的。前景理论的基本假设是：大多数人在面临获利时是风险规避的，在面临损失时是风险偏好的，而且对损失比对获利更为敏感。

下面介绍两个关于前景理论的经典实验，便于我们更加深入地理解该理论：

【实验场景一】

现在给你2个选择：

选项A：你一定会赚到3000元；

选项B：你有80%可能赚4000元，20%可能一分钱也赚不到。

【实验场景二】

再给你2个选择：

A：你一定会亏损 3000 元；

B：你有 80% 可能会亏损 4000 元，20% 可能不亏损。

你会如何选择呢？这两个实验场景下，大部分人可能会在第一个实验场景中选择 A，在第二个实验场景中选择 B。这是为什么呢？

这是因为人们在决策时，会在心里预设一个参照点，这就是预期。人们会衡量这个结果是高于还是低于这个参照点。当结果高于你的预期参照点时，通常称作“收益型结果”，此时的人们，会表现出“风险厌恶”，“百鸟在林，不如一鸟在手”，内心暗示自己见好就收，目标更偏向于落袋为安，所以对确定结果的选项过度加权，这就是前景理论中的确定效应。反之，当结果低于你的预期参考点时，即“损失型结果”，人们通常会表现出“风险喜好”，内心暗示自己碰碰运气说不定有转机，寄希望于好运气来规避损失，这就是前景理论中的反射效应。案例中选择项目 A 的员工体现的是确定效应，而选择项目 B 的员工则体现的是反射效应。

三　职场小锦囊

那究竟该如何运用前景理论，在工作中理性判断、规避风险，做到职场不焦虑呢？这里为大家提供三个小锦囊：

锦囊一：认真评估岗位，做好职业选择

前景理论认为，人们对风险的看法受到预期结果的影响，尤其在面临损失时更加敏感。这种心理现象在职场选择中表现为，人们往往倾向于选择那些看似稳定、风险较低的职业或岗位，以规避可能的损失。在职业规划中，个体应意识到自己对损失的敏感性可能会影响职业选择。因此，在做出决策时，应全面评估不同职业和岗位的风险与收益，避免仅因害怕损失而错过更具发展潜力的机会。同时，也可以利用前景理论来制订风险管理策略，如设置职业发展的“安全网”，以降低不确定性带来的焦虑。

锦囊二：慎做风险决策，注重风险管理

在面对职场挑战时，我们可以运用前景理论来指导自己的决策过程。首先，要全面分析挑战的性质和可能带来的后果；其次，要评估自己的能力和资源是否足以应对挑战；最后，在权衡利弊的基础上做出明智的决策。同时，我们还可以通过培养积极的心态和应对能力来减少不理性判断，以更加自信和从容地应对职场挑战。

锦囊三：规划职业生涯，设置可行目标

在规划自己的职业生涯时，我们应根据自己的兴趣、能力和市场需求来设定目标。前景理论提醒我们，在设定目标时也需要考虑潜在的风险和不确定性。我们应设定既具有挑战性又可实现的目标。可以将长期目标分解为短期目标，逐步推进，并在每个阶段评估自己的进展和风险。同时，保持对市场和行业动态的敏感度，灵活调整自己的职业规划以适应变化。

四 生活练兵场

生活中人们总是追求那些看似微小却又潜在巨大回报的机会。对张强而言，购买彩票就是他的机会。尽管中奖的可能性微乎其微，但一夜暴富的梦想让他无法抗拒。对他来说，购买彩票仿佛是对生活的一次小小的冒险，一种对未知的渴望。与此同时，张强也为自己和家人购买了保险。虽然出现意外的概率很低，但生活的不确定性总是让人担忧。保险是一种安全网，即便意外降临，也能为自己和家人提供一份经济上的保障。尽管理性告诉张强意外是少数，但心中的担忧却总是无法完全消散。

上述内容反映了什么理论？我们又能得到哪些启示呢？

答案：张强购买彩票和保险的行为恰恰体现了前景理论。张强购买彩票的行为反映了人们对潜在巨大收益的渴望，即便这种可能性非常小。前景理论认为，人们在面对潜在的巨大收益时，往往愿意承担更高的风险，这种风险寻求的行为在面临小概率但高回报的情境时尤为明显。张强购买彩票，正是基于对未来可能实现的巨大经济收益的幻想，尽管这种幻想的实现概率极低。与张强购买彩票的行为形成鲜明对比的是他购买保险的决定。这体现了前景理论中人们对损失的敏感和厌恶。尽管意外发生的概率较低，一旦发生，其后果往往是灾难性的。保险作为一种风险规避手段，能够在一定程度上减轻这种潜在损失带来的经济负担。张强购买保险，正是出于对未知风险的担忧和对家庭经济安全的重视。这启示我们在面对工作和生活的挑战时，需要全面分析可能带来的风险和收益，在权衡利弊的基础上做出明智的决策。

第五节　“得寸进尺”的艺术

一　心理大剧场

小要求背后“藏”着大计划

一个项目经理希望获得更多的资源和预算来支持一个关键项目。他知道直接提出大量资源的需求可能会遭遇上级领导的抵触和拒绝。因此他想出了一个办法。

项目经理首先向上级领导提交了一个相对较小的资源和预算要求，仅涵盖项目的基本需求和最紧急的任务。因为它看起来是合理和必要的，而且也展示了项目经理的谨慎和有效的计划，因此这一小步的请求很快被上级领导接受。随着项目的推进和需求逐渐明确，项目经理与上级领导保持密切的沟通，逐步提出更多的资源和预算需求。每一次的请求都经过深思熟虑，项目经理都巧妙地强调了项目的战略重要性、潜在的回报以及额外的资源对项目的重要性。

在最初的几轮请求中，上级领导可能会对某些要求表示拒绝。但由于其他请求相对较小、合理，并且都以项目的成功为目的，上级领导逐渐开始接受和满足项目经理的更多要求，最后项目经理提出了项目所需的款项和资源的“大”要求。最终项目经理成功地获得了他最初未敢期望的资源和预算支持。

二 慧眼识问题

在案例中，项目经理巧妙地运用了低球效应，首先向上级领导提交了一个相对较小的资源和预算请求，仅满足项目的基本需求和最紧急的任务。这个请求足够小，使其看起来合理且必要，容易被上级领导接受。等上级领导接受小的要求后，随着项目推进和需求逐渐明确，项目经理再提出较大的要求，比起他直接提出较大的要求上级领导接受的意愿要高，要求得到同意的概率更大，这就是低球效应。

低球效应是一种谈判策略，指的是在商务谈判中故意提出一个相对较低或合理的要求，让对方更容易接受。这种战略的目的是通过逐步增加要求的方式，逐渐争取到更多的资源或达到更有利的协议。

低球效应之所以这么有效，有以下几个原因：首先，提出一个相对较小或合理的要求有助于建立双方之间的信任。对方更容易接受一个合理的提议，因为它看起来更可接受。其次，通过提出初步的、相对较小的请求，对方更容易在心理上承诺。一旦对方接受了第一个请求，他们可能更倾向于接受后续的要求，以保持一致性。第三，直接提出大量资源或要求可能引起对方的抵触和拒绝。以较小的要求开始，可以减轻对方的阻力，使其更愿意考虑并接受后续的提议。最后，低球效应也为要求提出方提供了更大的灵活性，以便根据谈判的进展和对方的反应进行调整。

三 职场小锦囊

那究竟该如何运用低球效应，顺利与他人沟通或谈判，在工作中达成自己的目标，做到职场不焦虑呢？这里为大家提供三个小锦囊：

锦囊一：逐步提升职责，设置渐进目标

在职场中，人们会追求更多的职责、挑战和机会，而要实现这一目标，可以采用逐步提升的策略。一开始，不要一口气提出过多的变化和要求。相反，选择一个较小且有挑战性的任务，证明自己的能力和价值。例如，某人希望担任一个项目的负责人，而不是一开始就请求完整项目的领导权，他可以首先表达对某个小规模任务的兴趣，展示自己的能力。一旦成功完成了这个任务，他就可以逐步提升请求，争取更大的项目或更高级别的职责。这样的渐进式提升可以赢得领导的信任和支持。

锦囊二：完成立功小事，渐求高薪待遇

在职业生涯中，要求薪资上涨和额外福利是一个敏感而重要的问题。采用低球效应可以更有效地争取到想要的薪资和福利。首先，不要一开始就提出很高的薪资要求，而是选择一个相对合理但稍低的数额。通过展示自己的价值和表现，逐步提高对薪资的期望。此外，还可以在福利方面采用相似的策略。如果希望获得更灵活的工作时间、更多的假期或其他福利待遇，可以首先提出一个相对容易被接受的要求，然后在工作表现出色的情况下，逐步提高要求。这样，你可以更容易地获得所期望的薪资和福利待遇，同时维护良好的职场关系。

锦囊三：试探微小请求，渐深合作关系

在职场人际交往中，低球效应也有助于建立和维护良好的关系。例如，在寻求同事帮助时，可以先提出一个较小的请求作为试探，观察对方的反应和态度。如果对方愿意协助，再逐渐提出更复杂的合作请求。这种方式有助于降低对方的压力感，增强彼此之间的信任与合作意愿。

四 生活练兵场

刘明是一位刚毕业的大学生，一天他来到某企业进行面试。面试室里，随着对话的深入，李明不仅用流畅的语言展示了自己的实习经历，还以独到的见解剖析了行业趋势，让面试官张总频频点头。“张总，我非常喜欢贵公司的创新精神和企业文化，我相信这里是我能够继续成长、实现职业梦想的舞台。”刘明的话语中透露出真诚与期待：“关于薪资，我初步的想法是，愿意以略低于市场平均水平的薪酬加入，因为我更看重的是在这里的学习机会和未来的晋升空间。”张总闻言，心中暗自赞许刘明的谦逊与远见。当面试接近尾声时，刘明适时地提出了自己的新想法：“张总，经过这次的交流，我更加确信贵公司是我职业生涯中的理想选择。不过，我也希望公司能够考虑，在原有基础上适当增加一些薪资或提供更具吸引力的福利待遇，这将是对我工作动力和长期承诺的最好肯定。”张总听后，非但没有感到意外，反而露出了满意的笑容。“小刘，你的要求非常合理。让我们来详细讨论一下具体的方案，确保你能够在这里找到归属感，并共同为公司的未来努力奋斗。”

刘明的要求为何能够顺利被张总接受？这对我们有什么启示？

答案：因为刘明灵活地使用了低球效应。刘明在面试初期提出了一个相对较低的薪资期望。这一举动通过降低自己的初始要求来减轻张总的心理防备，让对方更容易接受自己。接着，在面试过程中，刘明通过展示自己的专业技能、行业见解以及对项目的热情，为后续的薪资谈判奠定了坚实的基础。最后，在面试的关键时刻，刘明适时地提出了更高的薪资和福利期望。由于前期已经建立了良好的印象和信任基础，张总在权衡利弊后，便接受了小刘的要求。

这个案例启示我们，在追求职业发展和个人成长时，首先不要急于求成，而是要设定一系列明确可逐步实现的小目标。通过逐步完成这些小目标，我们可以不断积累经验和信心，为更大的成功打下基础。其次，无论是在面试还是在职场中，我们都需要通过实际行动来展现自己的专业能力和价值。只有当我们能够证明自己的价值时，我们才能更有底气地提出更高的要求和期望。最后，在谈判时我们可以提出一个相对较低的起点，然后通过展示自己的能力和成果来逐步提高对方的期望。这种方式有助于降低对方的抵触情绪，增加谈判的成功率。

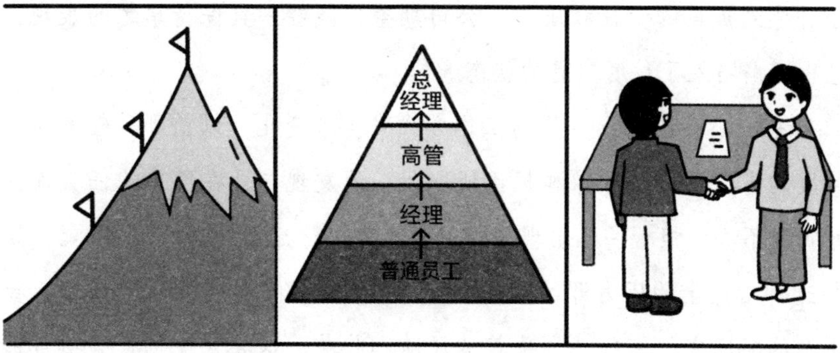

第六节　过度在意成功反而容易失败

一　心理大剧场

曾经威风凛凛的“小老虎”为何变成畏首畏尾的“小白兔”？

小孙的高效率和卓越的项目管理技能是他在公司内部的一个亮点。每当新的挑战出现，小孙总是能够迅速找到解决方案，为团队树立了良好的标杆。他在以往项目中展现的领导力和决策能力让他赢得了同事和上级的

尊重。正是这种卓越的表现，渐渐使公司对他的期望水平不断攀升。这也让小孙感到沉重的责任和压力。公司期望他能够一直保持卓越的表现，他自己也逐渐陷入了过度焦虑的状态。

后来，小孙注意到自己的工作方式发生了变化。以前那种轻松应对各种挑战的态度逐渐被犹豫和担忧所取代。他发现自己在简单的任务面前也开始犹豫不决，担心一旦出现失误就会失去以往建立的良好形象。

这种心理上的压力开始影响小孙的工作效率。他变得过于谨慎，要花费更多的时间来权衡每一个决策的风险和收益。这导致他负责的项目进度变得缓慢，团队协作也受到了影响。他陷入了一个循环，害怕失去成功背后的光环，也正是因为这种害怕而逐渐失去了成功的机会。

二 慧眼识问题

在此案例中，小孙在过去的项目中展现了出色的领导力和决策能力，使他成为团队的亮点，也提高了公司对他的期望。这种期望的提高使小孙感到沉重的责任和压力，他开始过度焦虑，担心一旦出现失误就会失去公司内外建立的良好形象。这种心理上的压力影响到他的工作效率和决策方式，使得他变得过于谨慎。这就是瓦伦达效应。

瓦伦达效应指的是由于太过于考虑事情带来的后果从而产生的患得患

失的心理现象。该效应源于一个名叫卡尔·瓦伦达的钢丝艺人。1978 年，瓦伦达决定进行最后一场钢丝表演并宣布退休。然而，这位之前从未犯过任何错误的表演大师却出现了意外。他在走到钢索中间并完成了两个不算太困难的动作后，却从数十米的钢索上坠落，不幸当场身亡。事后，他的妻子回忆起瓦伦达在演出前不断地自言自语：“这次表演十分重要，不能失败。”以前的每次表演中，瓦伦达总是将注意力集中在走好钢丝这个任务上，而对于可能带来的后果并不过多考虑。然而，就在这最后一次表演中，瓦伦达因为过于渴望成功而无法专注于表演本身，变得犹豫不决，充满焦虑。

瓦伦达效应出现的原因可以用耶克斯 – 多德森定律来解释。耶克斯 – 多德森定律表明，各种活动都存在一个最佳的动机水平。动机不足或过分强烈，都会使工作效率下降，中等强度的动机最有利于任务的完成。也就是说，动机强度处于中等水平时，工作效率最高，一旦动机强度超过了这个水平，对行为反而会产生一定的阻碍作用。瓦伦达效应则是动机过强，这让工作者产生了过高的焦虑和紧张，影响了工作效率。

三　职场小锦囊

那究竟该如何避免瓦伦达效应，防止过度专注结果而压力过大，在工作中更有效率地完成任务，做到职场不焦虑呢？这里为大家提供三个小锦囊：

锦囊一：明确优先任务，做好时间管理

建立明确的目标和战略计划，并将其分解成具体的任务。通过制订优先级，明确任务的重要性和紧急性，帮助团队明确在何处投入时间和精力。例如，可以运用“时间管理的四象限法则”，明晰哪些任务是重要且紧急的、哪些任务是重要但不紧急的等等。这样，我们可以优先完成重要紧急的任务，做好任务优先级分配和时间管理。此外，定期的目标评估和进度审查是确保团队在正确轨道上的重要步骤。这种定期的反馈和调整过程有

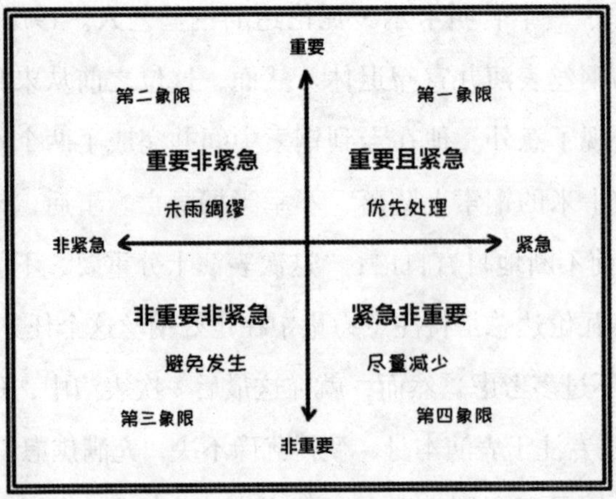

助于防止瓦伦达效应在团队中蔓延，确保团队的努力都聚焦在最关键的任务上。

锦囊二：培养专注能力，做好自我管理

专注力和自我管理能力是克服瓦伦达效应的关键。专注力是指集中精力处理任务而不被干扰，而自我管理能力则涵盖了对时间、情绪和任务的有效管理。例如，通过建立积极的习惯和日常规律，如定期锻炼、保持健康饮食和充足睡眠等，提升身体和心理状态；使用“番茄工作法”等来提高自己的专注力。情绪管理也是自我管理的一部分。学会有效地处理压力、情绪和挫折是自我管理的重要技能。例如，通过正念冥想、深呼吸或与身边人倾诉的方式来调节情绪，采取积极的心态面对挑战，可以更好地应对工作中的各种情况，并保持专注力。

锦囊三：平和对待工作，做好心态管理

理解并接受事实是保持平常心的基础。在工作中，我们不可避免地会遇到各种问题和困难，但关键是以积极的态度看待它们。面对挑战时，不要过度夸大问题的严重性，而是尽可能客观分析，并寻找解决问题的方法。接受变化并学会适应，这有助于降低焦虑感，保持平静。面对挫折和失败时，要学会从中汲取教训，而不是沉溺于消极情绪。保持对未来的希望和积极的信念，能够更好地应对职业生涯中的波折。

四　生活练兵场

赵伟是一家大型企业的员工，某天他接到了参与一个全新项目的邀请。这个项目被公司视为未来战略的关键一步，成功参与将为他带来更多的机会和提升。然而，他的内心开始感到不安，深知接受这份挑战，就意味着要投身一场时间与精力的马拉松，加班将成为常态，生活与工作的界限将愈发模糊。赵伟记忆的闸门悄然开启，往昔因工作繁重而错过的家庭晚餐、朋友聚会，如同电影画面般一一闪过，那份对亲情友情的亏欠感油然而生。他开始质疑自己能否胜任这个新任务。虽然他有丰富的经验，但这个项目涉及新的技术和领域，而且家庭和工作无法平衡，这让他有些担心自己能否在公司的殷切期望下，交出满意的答卷。这种自我怀疑使得他陷入了犹豫不决的状态。

赵伟为什么会产生这种复杂的心理变化？你会给赵伟提出什么建议呢？

答案：赵伟的这种心理变化恰恰体现了瓦伦达效应。赵伟担心自己能力不足，无法做到工作与家庭平衡，且项目难度较大，他这种过度担心结果的行为会影响他的工作效率和决策质量，甚至可能会导致任务最终失败。

针对这种情况，他首先可以调整心态，对自己的能力有清晰的认识，并相信自己的潜力和价值。同时，他可以通过阅读、旅行、运动等方式来放松身心，减轻压力。同时，他也可以学习一些情绪管理技巧，如深呼吸、正念冥想等，更好地应对多变的职场挑战。最后，可以通过安排任务优先级，做好时间管理，合理安排工作时间，做好工作与家庭的平衡。

第七节　短暂的休息使问题更容易解决

一　心理大剧场

“灵光一闪”的奥秘

小吴作为科技公司的一名团队负责人最近正忙着设计一款既能满足用户需求又具有市场竞争力的新产品。团队成员积极投入，进行了一系列的头脑风暴和创意会议。但是，他们陷入了一个看似无法逾越的思维僵局。小吴敏锐地察觉到了这一点，他深知在创新的过程中，需要时常给大脑一些休息的时间，让思维得以重新组织和整合。于是，他做出了一个决定——暂时停止对产品设计的思考，给团队成员一些喘息的机会。

团队成员们欣然接受了这个提议，开始尝试一些与工作不相关的活动。有的去了附近的咖啡厅与同事们闲聊，有的选择在公司附近的公园里散步，还有一些人选择了在家中完全放松一段时间。这段自由的时间成为他们重新充电的机会，也是寻找新灵感的时间。在休息的过程中，团队成员发现自己开始产生一些与工作有关的非传统想法。有些是在与同事的闲聊中得到启发，有些在休息时突然冒出的灵感让他们有了新的思考方向。这个阶段，虽然看似与工作无关，却是在问题解决过程中的一种必要的酝酿。

过了一段时间后，小吴决定重新召集团队成员，分享大家在休息期间获得的新思路。在这次会议中，团队成员纷纷分享了他们在休息时产生的新创意，这些新的元素为产品设计提供了更为丰富的方案。最终，小吴带领的团队完成了一个更有前景的产品设计方案。

二　慧眼识问题

案例中小吴面对设计僵局，明智地暂停思考，给团队以酝酿期。团队成员借此机会放松，参与多样休闲活动。这种休息不仅缓解了压力，还通过新环境体验激发了创造力，最终使问题解决。其中员工通过休息来解决问题的过程恰恰体现了酝酿效应。

酝酿效应是指在解决问题的过程中，当面临困境时，我们选择将问题暂时搁置一旁，进入一个被称为“酝酿阶段”的时间段。在这个阶段中，虽然我们不再专注于困扰我们的难题，但在不自觉的情况下，我们的大脑仍在默默地处理和整合相关信息，为问题的解决创造条件。酝酿效应的具体表现是，我们在不知不觉中找到了那个原本让人束手无策的难题的解决方案，并且这个过程中我们还参与了与难题无关的其他任务或活动。这种现象揭示了大脑在放松和转移注意力的状态下，依然能够高效地进行问题处理和创意整合。

三　职场小锦囊

那究竟该如何正确运用酝酿效应，做到劳逸结合，处理好复杂问题，激发创新思维，在工作中更出色地完成创新性工作，做到职场不焦虑呢？

这里为大家提供三个小锦囊：

锦囊一：规划酝酿时间，远离无关杂念

为了有效应用酝酿效应，可以在工作计划中明确设定有针对性的酝酿期。这意味着我们可以主动寻求一些自由时间，远离工作任务，放松大脑。这个时间段可以是一天中的某个特定时段，也可以是一周中的某一天。在这段时间内，可以去做一些与工作无关的活动，如散步、阅读、与同事交流，甚至是参与一些非工作相关的培训或活动。这种有针对性的酝酿期可以帮助打破工作的单调性，为大脑提供一些休息的机会。通过定期安排这样的阶段，我们能够更好地管理工作压力，保持较高的创造性思维水平。

锦囊二：营造创意空间，丰富创新资源

为了促使酝酿效应的发生，我们可以寻找一个支持创意发展的环境。这包括适当的创意空间和资源，积极主动地自由表达和实践创新想法。如寻找一个专门用于创意思考的工作区域，可以远离日常的办公环境，创造一个更放松的氛围。

锦囊三：共享团队思维，碰撞深思火花

酝酿效应的另一关键点是在酝酿期结束后进行集体思考和分享。我们可以定期参加分享会议，并积极展示在此期间获得的新思路和创意。同时应共同创建一个开放和包容的讨论氛围，分享各自的思考和体验，这有助于打破沉默，激发更多的创意。最后，在领导提供反馈和支持后，进一步完善自己的想法。这种反馈机制可以激发更深入的思考，推动创意的不断演进。

四 生活练兵场

李娜是一名资深的程序员，负责一个关键项目的核心模块开发。随着项目截止时间的日益临近，团队遇到了一个技术难题，导致项目进度严重受阻。连续多日的加班和讨论，似乎都无法找到有效的解决方案。面对这样的困境，李娜意识到，单纯的加班和硬拼并不是解决问题的办法。她向项目经理提出了自己的建议，希望团队能够暂时放下这个难题，转而去处理一些其他相对轻松的任务，或者干脆给每个人放一天假，让大家彻底放松一下。项目经理听取了李娜的建议，认为这是一个值得尝试的方法。于是，他宣布团队将暂停对该难题的直接攻关，转而进行其他工作，并特别安排了一个“灵感日”，鼓励大家在这一天可以完全脱离工作，去做任何能让自己放松和开心的事情。李娜利用这个“灵感日”，观看了一场艺术展览。在欣赏那些充满创意和想象力的作品时，她的思维逐渐从技术的束缚中解脱出来，展览中的一件作品触动了她，让她联想到了一种可能的解决方案。回到工作岗位后，李娜迫不及待地与团队成员分享了自己的想法。经过讨论和验证，他们发现这个方案不仅可行，而且能够高效地解决当前的技术难题。团队的士气大振，大家重新投入项目中，最终按时完成了任务。

李娜所在的团队为什么最终会取得成功？这给我们带来什么启发？

答案：李娜运用了酝酿效应，通过暂时放下难题并寻求放松与灵感的方式，最终找到解决方案。这个案例启示我们在工作中遇到瓶颈时，需要及时识别困境，并寻求一段酝酿期，在远离工作的放松的环境里，去做自己感兴趣的事情，打破工作惯性，促进思维的发散和重组。同时，在酝酿过后也要及时积极地与团队成员交流，共享灵感，相互启发，最终解决难题。

第 二 章

藏在身边的职场真相

第一节　“灵丹妙药”其实是“白开水”

一　心理大剧场

只要你在，我就很安心

小杨是一名职场新人。在公司实行的“师徒制”下，从进入职场的第一天起，员工老张便成了小杨的“师傅”。老张对小杨十分关爱，小杨在工作中有不懂的地方随时会向老张请教，老张倾囊相授，无私地分享着自己工作多年的宝贵经验。随着时间的推移，小杨在老张的帮助下逐渐崭露头角，掌握了许多工作技巧，他非常感谢老张的关怀，也依赖着老张的经验。

一年后，小杨即将面临“出师”的阶段，他发现自己似乎无法离开老张的帮助。尽管小杨已经掌握了很多工作技能，但他始终在情感上对老张有一份强烈的依赖。最近一周他发现自己的“问题”好像更严重了，明明没有问题要请教老张，但每当老张不在办公室时，小杨的心情就变得莫名焦虑，仿佛失去了一种支撑。当老张重新回到办公室时，坐在小杨目光所及的范围内时，小杨又能够安心地完成自己的任务。这种心理状态让小杨的工作效率变得不再稳定，他感到困惑不已。

二 慧眼识问题

在案例中，对于小杨来说，老张的存在和指导在某种程度上成为他心理上的一种安慰剂。老张不仅仅是一个“师傅”，更是小杨心理上的一种支持和安慰。这种依赖的关系使得小杨在老张的陪伴下感到安心、受到鼓舞，就像患者在接受安慰剂时会出现一定程度的症状缓解一样。这就是安慰剂效应。

安慰剂效应是指在没有明显药理成分或治疗效果的情况下，由于患者的期望、信念或心理因素的作用，其健康状况或症状得到暂时的改善。简而言之，安慰剂效应描述了一种现象：即使是“假治疗”，由于患者对治疗的期望和信任，也能产生实际的缓解效果。安慰剂效应被提出后广泛应用于医学、心理学、管理学等领域。

在一项实验中，意大利图林大学的法布里齐奥·贝内代蒂给参与者制造疼痛，并通过镇痛剂来缓解这种疼痛。这一过程在数天内重复进行，然后在实验的最后一天，科学家用生理盐水替代之前使用的镇痛剂。令人惊讶的是，生理盐水也成功地减轻了参与者的疼痛感，产生了类似于镇痛剂的效果，这就被称为安慰剂效应。

在案例中，可以理解为小杨对于老张的依赖和信任起到了一种类似于安慰剂的作用。但这种安慰剂效应会导致小杨在工作中将自我价值依赖于老张的存在，而不是建立在自身的实际成就和努力上。同时也会导致小杨缺乏独立思考和决策的能力，不利于个人的成长与发展。

三 职场小锦囊

那究竟该如何正确认识安慰剂效应，增强工作的信心，更加自信地完成工作，做到职场不焦虑呢？这里为大家提供三个小锦囊：

锦囊一：明晰自我认识，培养工作自信

要克服安慰剂效应，个体首先需要建立对自己的真实认知，培养自信心。这包括对自身能力、成就和价值的清晰认识。例如，设定明确的职业和个人目标，通过不断努力实现这些目标，从而建立实质性的成就感。这有助于摆脱依赖外部认可的心理状态。同时，我们还可以定期回顾个人的成绩和进步，以客观的眼光评估自己的能力。通过了解自己的优势和劣势，寻找到改进的机会，相信自己有足够的能力应对职场挑战。例如，可以通过自我肯定的语言、积极的思考方式以及自我激励来培养自信。

锦囊二：寻求学习机会，接受不同挑战

为了打破安慰剂效应的循环，个体需要主动寻求学习机会，接受挑战，提高自己的独立解决问题的能力。例如，我们可以主动参与培训、研讨会等，以拓宽自己的知识领域。通过学习新技能和新知识，我们可以提高在职场中独立应对问题的能力，还可以主动承担一些额外的责任和项目，尽管这可能会带来一些挑战，但这也是提升自己能力的一种途径。在新的领域中积累经验，培养解决问题的勇气和智慧。

锦囊三：建立支持网络，获取多方反馈

不要只依赖于一个导师或上司，而是尽可能寻找多位有经验的人提供指导。从不同的角度获取建议和反馈，有助于拓展自己的视野。同时，我们也可以积极参与团队合作，例如，与不同背景和经验的同事协作。通过与他人合作，我们可以学到新的方法和思维方式，促使自己在团队中更为独立和有影响力。

四　生活练兵场

在工作中，我们可能会遇到一些困难和挫折，这时会渴望得到安慰和支持。即使没有得到实质性的帮助，朋友和亲人的出现也会让我们感受到心情舒畅，甚至感觉困难和挫折都被“克服”了。在工作中，参与面试或考试之前有人会带上“幸运物”，虽然“幸运物”可能没有实际作用，但能让人感到自信和安心，从而让自己表现得更好。

这体现什么现象？对我们的职场生活有什么启示呢？

答案：这体现了安慰剂效应，亲人朋友和“幸运物”可能对我们遇到的困难和挫折没有实质性的帮助，但可以让我们更有自信和动力去面对工作中的挑战。在职场中，我们要对自己有清晰的认知，提高自己的自信心。同时，要勇敢、积极地去承担不同的责任、寻求不同的挑战，从而提高自己的综合能力。最后，我们也可以建立广泛的支持网络，听取多方的建议和反馈，拓宽视野。

第二节　人真的会被“气死”吗？

一　心理大剧场

芝麻小事却大动肝火

小王和小张在大学时就是很好的朋友，他们一起上课、泡图书馆，在今年毕业时，他们又进入同一家科技公司工作。

工作以来，他们也一直保持着如求学期间良好的关系。作为同一个创意小组的成员，他们互相支持、共同努力，为公司的项目做出贡献。然而，一次意外的事件改变了这一切。

一天，公司举办了一场重要的项目会议，主要领导都要出席，讨论即

将推出的新产品的销售方案。这场会议上小张需要代表创意小组进行 PPT 展示。他十分重视这次在领导面前展示的机会，事前准备得十分充分。小张的现场展示十分精彩，领导也对小张的表现非常满意。然而，在现场提问环节，小王却指出了销售规划方面的一个小错误。尽管小王的意图是为了确保新产品能够顺利上市，但小张感到很受伤，他认为这是小王故意让自己在公司领导面前难堪，让公司领导质疑自己的能力。

感觉受到伤害的小张，每晚都在思考小王“针对”自己的原因，越想越生气，甚至出现了失眠的现象。同时，在工作期间，小张也开始采取一些行动，故意扰乱小王的工作，试图给小王的工作制造麻烦。他开始忽略小王的工作需求，故意不配合小王的工作，甚至故意隐藏一些工作中必要的信息。这使得小王在工作中遇到了很多的困难，不得不花费额外的时间和精力来应对这些挑战，而这些精力本应该用于推动项目的进展。

随着时间的推移，小王和小张的关系越来越紧张，他们的争吵和冲突不断升级，严重影响了整个团队的工作氛围……

二　慧眼识问题

在一次重要会议上，小王指出小张的错误，意图帮助完善产品，但小张感到很受伤，并且十分生气，开始针对小王，故意制造工作障碍。小张夜不能寐，沉溺于对小王的愤怒和猜疑，小王也因小张的捣乱行为面临挑战和困难，原本友好的关系变得紧张。团队工作也受到了严重影响，氛围变得紧张和不友好。案例中的小张因为一件小事而大动肝火的现象，其实就是野马结局效应的体现。

野马结局效应是指个体在生活中难免会遇到不顺心的事，若不能宽容待之，一时情绪激动，甚至暴跳如雷，大发脾气，则会严重危害自身健康。野马结局效应来自非洲草原上野马的故事：非洲草原上有一种吸血蝙蝠，常叮在野马的腿上吸血。它们依靠吸食动物的血液生存，不管野马怎样暴怒、狂奔，就是拿它们没办法，它们可以从容地吸饱再离开，而不少野马却被折磨致死。动物学家发现吸血蝙蝠所吸的血量极少，远不足以使野马死去，野马的死因是暴怒和狂奔。即对于野马来说，吸血蝙蝠只是一种外因，而野马对这一外因的剧烈情绪反应才是造成它死亡的最直接原因。

“三气周瑜”也是野马结局效应的体现，这种因为一件小事情就引起我们情绪剧烈变动的现象在工作中也常常出现，如同事因为忙于工作而忽视了自己，那么自己就会出现很多类似于这样的猜想：“他是不是故意不理我的”“他想排斥我吗”，导致自己生了一肚子闷气，愤怒不堪。

三 职场小锦囊

那究竟该如何逃离野马结局效应的怪圈，让我们以平和的心态应对工作中出现的困难，避免巨大的情绪波动和愤怒，从而真正做到职场不焦虑呢？在这里为大家提供三个小锦囊。

锦囊一：避免“战争”升级，尽快脱离“战场”

“三十六计，走为上计”，这提示我们如果暂时没有好的解决方法，那就暂时选择“离开”。在日常工作中，如果遇到扰乱自己情绪的事件，那么我们可以暂时离开可能发生争吵和冲突的环境，如果不能离开，也需要尽力使自己平静下来，待双方都恢复理智后再解决冲突。

锦囊二：转移注意焦点，维持良好情绪

在面对冲突时，可以尝试将注意力转移到让自己愉悦的活动上，如绘画、运动等，暂时摆脱困扰，让心情得以平复。这种暂时的注意转移可以帮助我们缓解压力，使头脑更清晰，更有助于有效解决问题。

锦囊三：跳出情绪怪圈，寻求他人建议

当陷入情绪困扰时，不妨向身边的亲友寻求建议和支持。倾诉心事，听取他人观点，或许能够拓展思路，看到问题的另一面。与他人沟通交流，不仅能够化解负面情绪，还能获得更全面的思考和行动方案，帮助自己更好地应对困扰。

四　生活练兵场

李老师是一位小学数学老师兼班主任，最近她的体检报告下来了。报告显示，李老师存在甲状腺结节，医生建议她平时一定要少生气，调节好自己的情绪。李老师听后，长叹一口气，说道：“怎么能不生气啊？”接着，李老师便向医生讲述自己的情况：“一个知识点反复讲了很多遍，学生考试还是做错”“三令五申禁止学生带玩具进入学校，学生还是会带”“放学时告诉学生明天一定要把家长知情同意书带回学校，学生还是忘记带”……医生回应道：“学生年龄小，这些行为也能理解，何必生气呢？”李老师情绪又激动起来：“怎么会不生气？我时常感觉马上就要被气晕过去。”

案例中的李老师出现了什么问题？请你出个主意，帮助李老师调整情绪，维护身心健康。

答案：李老师的行为是野马结局效应的体现，下面一些建议可以帮助李老师调整情绪，维护身心健康：（1）李老师可以将自己的生活与工作“松绑”，给自己留出空闲时间，将对学生的注意力转移到令自己愉悦的活动上，也可以通过深呼吸、正念冥想和接触自然等方式，让心情平静下来。

（2）当遇到令自己生气的事情时，李老师可以与自己的亲人、朋友交流，“吐槽”令自己生气的事情，这样既可以获得他人的安慰与支持，还可以看到问题的另一面，获得解决问题的其他方案。还可以通过写情绪日记的方法达到疏解情绪和反思的目的。

第三节　思维的“囚笼”

一　心理大剧场

项目的失败源自固化的思维?

张明就读于国内一所知名院校，毕业后成功入职一家大型企业。他工作非常努力。

入职半年后，由于前项目经理的离职，该职位暂时空缺，公司经理想让张明负责。当召开公司董事会时，其他高管都对这个任命持否定态度。他们认为张明太年轻，没有经验，不能胜任这个职位。尽管公司经理试图说服他们，但势单力薄，最终，他不得不放弃这个想法，将这个职位授予一位工作经验丰富的老员工。

几个月后，老员工负责的项目出现了问题，导致公司丢了项目，损失巨大，还造成了不良的业内影响。其他高管意识到应该给张明一个机会来锻炼，而不是盲目地相信老员工。

后来，在公司召开有关项目失败的反思会议时，其中一位高管总结：“一旦我们对某人或某事形成了一个刻板印象，我们就很难改变这种看法。即使有证据表明我们是错的，我们仍然会坚持自己的看法。这种偏见会导

致我们错过很多机会，因为我们不愿意接受新的观点或尝试新的东西。就像这一次我们错误地评价了张明一样。”

二 慧眼识问题

案例中的项目失败源于高管固化的思维方式。张明作为一位有才华的员工，尽管付出了很多努力，但由于年轻，仍然被贴上“缺乏经验”的标签。人事任命决策最终导致项目的失败，使公司遭受巨大的损失。在事后的反思中，高管意识到他们犯了一个错误，因为他们过于固化地看待张明，并拒绝给予张明机会。案例中的高管对年轻的张明产生了固化的想法，这种想法一旦形成就很难改变，并妨碍对新观点和新事物的接受，这就是定势效应。

定势效应也称为心向，是指由一定的心理活动所形成的准备状态影响或决定同类后续心理活动的趋势，即人们按照一种固定的倾向去反映现实，从而表现出心理活动的趋向性和专注性。它对人们的心理活动和行为既有积极作用也存在负面影响。例如，修理工给美国科普作家艾萨克·阿西莫夫出过一道“测试题”：有一位失声的顾客，去五金店想买几根钉子，对售货员做了一套手势。左手两根手指头立在柜台上，右手握拳表演锤子敲击，售货员见状，连忙给顾客拿出一把锤子。顾客摇头，并指了一下自己的右手，售货员就明白他想要的是钉子。接着，一位盲人走进了五金店，他想买一把剪刀，请问他要怎么做？阿西莫夫回答道：“他可以用手表演出剪刀的形状。”修理工大笑道：“盲人想买剪刀，他可以直接说出来！”在这个简短的故事中，也可见固化的思维模式产生的不良后果。

在小品《配角》中，有一句经典台词——“就你这个模样，一看就是个反面角色”，然后朱时茂再评价自己：“我穿上这身衣服，起码也是个地下工作者呀。”小品中的台词充分反映了由于片面信息产生的定势效应。固化的思维不仅直接影响到问题解决，更会成为行为的囚笼。这种思维定势的现象，在我们的工作中也经常出现，如面试官在阅读求职者简历后就不自觉地将其与自己印象中的某一类人相比，而较少地关注他在面试中的实际表现，这就有可能错失一名优秀的员工；再如明明年轻人努力又有冲劲，却常因经验不足等理由不能被委以重任等。

三 职场小锦囊

那究竟该如何逃离定势效应的怪圈，让自己打破既定的思维模式，突破固有的桎梏，冲破舒适圈，更好地面对组织变革所带来的挑战与机遇，真正做到职场不焦虑呢？这里为大家提供三个小锦囊。

锦囊一：审视自我观念，减少偏见束缚

为了摆脱定势效应的陷阱，首先要做的就是对自己的观念进行思考与审视，考察其是否存在“偏见”“固化”等问题。例如，如果自己要做出经理一职的任命决策，可以对自己的决策进行反思，思考对这位员工的认识是否全面，信息的来源是否可靠等。

锦囊二：广泛收集信息，开拓认知视野

形成定势效应的重要原因是信息的不对称，一个人长年累月接触到固有的、局部的信息是“罪魁祸首”，这会使个体久而久之固化自己的思维，认为事情本就是如此，解决问题的方法只有这一种等。因此，在职场工作中，我们需要广泛地吸取外界的信息，拓展信息来源，不要轻易下“坐井观天”般的结论，这样才能跳出定势效应的怪圈。

锦囊三：勇于接触新知，克服思维惰性

每天重复的工作常常将我们的生活、行为和思想关进囚笼：用重复的方式处理每一件工作，用相同的思维解决每一项问题。在工作中，我们可以主动地接受挑战，尝试做一些原来没有做过的新任务，强迫自己用新的思维去思考问题、解决问题。

四　生活练兵场

老李是一家大型企业的销售部经理，当市场经济刚刚在国内起步时，老李凭借自己高超的销售技能，多次帮助企业转危为安。最近，公司开发了一套新的产品，销售部门准备开一场盛大的产品发布会。年轻的员工小王准备了一份详细的市场调研报告和创新性的营销策略，准备通过线上和线下联合的方式提高产品的知名度。老李却不以为然，他仍准备采用传统的商场营销方式，不打算通过新兴互联网扩大产品的影响力，并认为借助网红进行营销就是对自己产品的不自信，最终新产品的销售额并不令人满意。

案例中的老李出现了什么问题？如何帮助老李解决这一问题？

答案：案例中老李的行为是定势效应的体现。可以通过以下方式帮助他解决这一问题：（1）老李可以对自己的营销策略进行反思，并询问自己几个问题：我的营销策略能否跟上时代的脚步？我的营销策略的提出是否经过科学的市场调研？（2）老李可以广泛地汲取外界的信息，避免存在信息差，如尝试通过学习更新以往的销售策略，不要执着于老套的营销方式；（3）老李可以尝试与不同群体交往，多与年轻员工交流，不断为思维注入新的血液，从各个角度看待网络营销。

第四节　掩耳盗铃般的“努力”

一　心理大剧场

失败的选择

小王在一家大型跨国公司里任职，他总是充满热情和创意，但有时候他的决策也有些草率。他总是相信自己的直觉，往往在没有充分了解事情的情况下就草率地做出决定。

有一天，公司面临着一个重要的业务决策。小王被委以重任，他需要选择一家合作伙伴来拓展新的市场。他没有进行充分的调查和分析，就选择了一家看起来很有潜力的小公司。

然而，随着合作的深入，公司的其他员工都发现这家公司并没有小王想象的那么可靠，他们的产品质量和售后服务都不尽如人意。小王的决策已经影响了公司的业

务和声誉。

然而，小王在公司例会上还不断地为自己的决策和合作伙伴找借口，他仍然认为自己的决策没有问题，应该再给合作伙伴更多的时间。

又过了几个月，因产品质量问题公司大量产品滞销，小王也为决策失误付出了代价，接受了公司的降职处理。

二　慧眼识问题

这个案例讲述了一位年轻职员小王在一家大型跨国公司中做了一个错误的业务选择。当公司面临拓展新市场的重要决策时，小王被委以重任，但他没有经过充分的调查，就选择了一家表面上有潜力的小公司。随后，公司员工发现这家公司并没有小王预想的可靠。尽管出现问题，小王还在公司例会上不断为自己的决策和合作伙伴找借口。这样的借口最终让公司承担了决策失误的代价。案例中的小王不断为自己草率的决定付出内在努力的现象就称为理由不足效应。

理由不足效应是指如果外部刺激不足以证明行为的合理性，个体会通过内部心理活动证明自己行为的合理性以减少不协调。这是个体减少认知不协调的一种方式，即个体倾向于通过内部心理活动来验证自己的行为，以维护自我形象和自尊。这也是一种自我防御的行为，在面对行为合理性不足的情况下，个体可能会寻求内部的理由来减少不协调的感觉，以维护自己的情感和自我认知。

这种现象在我们的工作中也常常出现：为了给员工提供福利，公司在冬天采购西瓜，却因味道寡淡没有让员工满意，公司认为这一定是员工自己太挑剔了；公司花费大量时间、精力招聘的新员工，工作绩效却一般，公司认为这一定是新员工还没有适应新环境。

三 职场小锦囊

那究竟该如何逃离理由不足效应的怪圈，克服找借口的惰性，真正做到职场不焦虑呢？这里为大家提供三个小锦囊。

锦囊一：采取反思探究，力求客观真实

长时间沉浸式地为自己的决定寻找理由，难免会使自己越来越沉溺其中。因此，如果意识到自己存在这一问题，我们可以进行自我反思与探究，如通过撰写工作日记的方式，对事件的经过进行记录，边记录边反思，力求客观真实。

锦囊二：进行自我觉察，客观提出疑问

为了避免给自己的决策寻找借口，我们不妨跳出来，站在旁观者的角度审视这一决策，客观地询问自己几个问题，如：做出这个选择有无客观依据？身边的人对这一选择的看法如何？这一决策的预期结果如何？

锦囊三：跳出自身局限，寻求他人建议

所谓“当局者迷，旁观者清”，深陷理由不足效应之中的我们，很难对自己的决策做出全面客观的评价，此时，我们可以向身边的人寻求建议。例如，可以向与决策密切相关的同事寻求建议，他们的建议往往更加客观真实。此外，也可以向与此决策无关的朋友、家人寻求建议，他们的工作领域与我们不同，所给的建议可能更加丰富，不受局限。

四 生活练兵场

在一家创意设计公司里，小张是一个设计师。小张是公司中的新人，他总是充满创意和想法，但也存在眼高手低和拖延的缺点。一天，公司接到一个重要客户的设计需求，客户要求设计一个符合新产品性能的标志，项目经理将这项工作交给了小张。小张立即有了创作灵感，但是由于他的拖延，直到截止日期的最后一天才匆匆完成设计。草草完事的作品没有得到客户的认可，这一笔订单也黄了。事后，小张开始试图寻找各种理由来证明自己的设计是符合要求的，他告诉自己：“我的设计根本没问题，完全能够展现产品的性能和特点，是客户没有眼光……”

案例中小张的行为体现了什么心理学效应呢？小张在日后的工作中应该如何避免这一现象的出现？

答案：案例中小张的行为体现了理由不足效应。小张在日后工作中可以采取如下方法避免这一情况的出现：（1）寻找外部证据，用客观事实证明决定的正确性，如对于小张的工作性质而言，能否得到客户的认可，就是非常重要的判断依据。（2）从旁观者的角度审视自己所做的决定，客观地向自己的决定提问，如小张可以向自己提问：“是否尽力完成设计？”“自己的设计是否满足了客户的需求？”“设计的标志是否有可改进之处？”（3）积极寻求他人建议，请求他人对自己所做的决定做出客观评价，如小张可以请求同事对自己的设计进行客观评价。

第五节　“破罐子破摔”的危险思想

一　心理大剧场

主动给希望蒙上的“黑纱”

李志在一家大型公司上班，这是他大学毕业后的第一份工作，他对职场充满了期待和憧憬，每天很早就到公司，晚上也经常加班。不久，他发现自己在工作中遇到了一些困难。上司对他的工作要求非常高，而同事也都是经验丰富的老手，李志经常感觉自己无法跟上他们的步伐。

一开始李志还努力地学习和适应新环境，但是随着时间的推移，他渐渐开始感到沮丧和失望。他觉得自己无法达到领导的要求，工作上的挫折让他变得越来越消极，甚至开始怀疑自己的能力。

在工作中，李志总是感到焦虑和无助，他不知道自己该如何面对领导和同事带来的压力。他开始逃避工作，经常迟到早退，有时候甚至不去上班。他觉得自己已经无法改变现状，对未来也没有任何希望。

幸运的是，李志的同事发现了他的情况，他们主动和李志沟通。他们告诉李志，每个人在职场上都会遇到各种困难和挑战，失去信心、不断退缩只会让问题变得更糟。他们鼓励李志，告诉他要相信自己，勇敢面对困难，不要轻易放弃。在同事的鼓励和帮助下，李志开始重新审视自己的工作态度，他努力克服自己的消极情绪，积极主动地寻求帮助并解决问题。过了一段时间，李志逐渐适应了新环境，他的工作也得到了领导和同事的认可。

二 慧眼识问题

这个案例描述了新员工李志在职业发展中面临的困境和挑战。李志对职场充满期待，但很快发现工作中的要求很多，同事都是经验丰富的老手，他感到跟不上节奏。尽管一开始努力学习和适应，但随着时间的推移，李志逐渐陷入沮丧和失望，对自己的能力产生怀疑。在工作中表现出消极的工作态度，对未来失去信心，陷入了破罐子破摔的陷阱之中，这就是典型的习得性无助的表现。

习得性无助是指个体经历某种失败后，在面临不可控情境时形成无论怎样努力也无法改变事情结果的不可控认知，继而放弃努力的一种心理状态。美国心理学家马丁·塞利格曼曾做过一个实验：他将狗关在一个笼子里，只要蜂鸣器一响，就给狗施加难以忍受的电击。由于狗被关在笼子里逃避不了电击，它只能在笼子里狂吠狂跑。经过多次电击后，即使实验者在电击前将笼子的门打开，狗也不会主动离开笼子，而是等待电击的出现，倒地呻吟和颤抖。

实验中的狗明显产生了无助和绝望的情绪，它认为自己无论怎么努力也不会逃脱被电击的命运，所以不再挣扎。事实上在我们的工作中也常常出现习得性无助的现象：如果一个人总是在工作上失败，他就会放弃努力，甚至会对自身的能力产生怀疑，觉得自己什么都干不好，简直是无可救药。此时此刻，我们并非真的不行，而是陷入了习得性无助的陷阱之中，这种心理让人们自设藩篱、破罐子破摔，将失败的原因归结于自身、稳定、不可控的因素，进而产生焦虑的情绪，放弃继续努力的信心和希望。

三　职场小锦囊

那究竟该如何逃离习得性无助的陷阱，勇敢应对挑战，不断学习与进步，成为一个积极主动的改变者，真正做到职场不焦虑呢？这里为大家提供四个小锦囊。

锦囊一：接触新鲜事物，掌握多项技能

当我们沉溺于工作中的失败事件时，就容易陷入习得性无助的陷阱而不能自拔。此时，我们可以通过接触新事物，如先做其他工作，使自己暂时脱离令人无助的情景。同时，可以通过学习新的知识或技能，不断提升自己，增强能力和自信心，获得掌控力和成就感。

锦囊二：设定“小步”目标，逐步积累自信

一口吃不成个胖子，一步到不了天边。在工作中为自己设立远大目标是好事，但是也需将较大的工作目标分解为一系列的小工作目标。通过小步子，一步一步地实现小目标，最终实现大目标。在实现每一个小目标后，对自己进行奖励，一点点地积累成就感和自信心。

锦囊三：培养积极心态，正确面对挫折

“一千个读者，就有一千个哈姆雷特”常用于形容不同的人对同一事情的看法是不同的。在面对挫折与失败时，我们不妨用积极和长远的眼光去看待，尝试寻找工作失败事件中的积极面，从困难中寻找机会，实现成长。

锦囊四：寻求社会支持，缓解负面情绪

我们每个人都生活在社会中，社会支持对个体的心理健康至关重要。当陷入习得性无助的怪圈中时，我们可以寻求朋友、家人和专业人士的帮助，向他们倾诉自己的感受和困惑，告诉他们自己最近在工作中的一系列遭遇，这样不仅可以缓解负面情绪，同时也可以获得有关工作的建议和支持。

四 生活练兵场

去年6月份，张涛以优异的成绩从一所知名高校毕业，并成功进入一家大型互联网企业。学业的成功，并没有预示着张涛的工作之路也一样顺利。入职后，张涛就很难适应职场生活，他的业绩也很难达到公司的标准，而且越来越差。每次考评失败后，他就会觉得自己无能为力，他认为自己并不是没有努力工作，业绩怎么会这么差呢？后来他将自己失败的原因归结于自己的能力不行，情绪也越来越消极。他对失败的恐惧逐渐大于对成功的希望，因而不再指望自己能够业绩达标，甚至不愿意再踏入公司……

张涛出现了什么问题？请帮张涛想个办法，帮助他走出困境。

答案：张涛出现了习得性无助的现象。张涛可以采取以下方法走出困境：（1）张涛可以主动寻求社会支持，在寻求社会支持时，可以遵循如下步骤，即明确自我需求，选择合适的支持来源，并进行有效的沟通。如张涛可以向家人和朋友倾诉最近在工作上遇到的困难，缓解负面情绪，寻求

工作相关建议，并积极沟通、耐心聆听。（2）张涛可以为自己设置合适的目标，并尝试将长远目标分解为小目标，如长远的目标是3个月后业绩达标，那小目标就可以设置为这个月的业绩距离达标只差一点。并在小目标达成后，及时给予自己奖励，积累自信心。（3）张涛可以尝试培养阳光心态，如利用“公园20分钟效应”、参加体育锻炼等，提高自己的抗压、抗挫折能力，从失败中寻找积极面。

第六节　关键时刻掉链子

一　心理大剧场

“实力雄厚”的“赛场失误”

张明在一家大型企业里工作，他在工作中表现得非常出色，总是能够保质保量地完成任务、解决问题，而且还能够帮助同事克服困难。因此，他在公司里也颇受领导和同事的赞赏。

张明还有一项特长——演讲。张明从小饱读诗书，上班后也一直保持读书的好习惯，因此他有很好的文学修养。在与同事午餐时、班车上，张明总是给同事从《楚辞》《诗经》讲到四大名著的精彩情节，这些话题张

明都能绘声绘色、娓娓道来。

后来公司决定举行演讲比赛，每个部门都需要推荐一名员工参加。张明理所当然地被推荐了。张明虽然觉得压力比较大，但还是有志在必得的决心。

赛前张明已经将演讲稿烂熟于心，并且多次在家中、部门内进行试讲，同事也对他抱有必胜的信心。比赛时张明却在上场前频繁上厕所，险些误了登场演讲。在进行演讲时，张明表现得非常紧张，思维混乱，出现了大量的失误，这让领导和同事都感到非常意外。

二　慧眼识问题

案例中的主人公张明是一位在工作中表现出色的员工，除此之外，他的演讲技能也很好。由于张明具有良好的文学素养，又擅长演讲，所在部门的同事一致推选他参加演讲比赛，并认为他一定能夺得冠军。然而，在比赛现场，张明却表现得异常紧张，与平时的自信形成鲜明的对比，由于他的思维混乱，出现了大量的失误。张明的这种关键时刻掉链子的现象就是约翰逊效应的表现。

约翰逊效应是指平时训练有素、实力雄厚，但由于缺乏良好的心理素质，在赛场上连连失利。比如，古代神话传说中后羿，后羿是著名的神箭手，他练就了一身百步穿杨的好本领。有一天，夏王将后羿召进宫来，想观看一下后羿的射箭技艺。他对后羿说："如果射中靶心，就赏赐黄金万两；如果没有射中，就要削减你一千户的封地。"后羿听了夏王的话变得紧张起来。平时不在话下的靶心似乎变得十分遥远。想到自己这一箭射过去可能发生的结果，后羿的呼吸变得沉重起来，拉弓的手也微微发抖，瞄了几次都没有把箭发射出去。最后，后羿将箭射在了距离靶心好几寸远的地方。在旁边观察的一位大臣总结后羿失败的原因重大：后羿平时在一颗平常心下射箭，水平可以正常发挥。而今日射箭的结果关系着自己的重大利益，他无法静下心来射箭，怎么能够射好呢？

这种发挥失常的现象不仅在文学作品中，在我们的工作中也常常出现。场下明明已经将向甲方汇报的演示文稿准备好了，但现场向其展示时仍出现很多失误；明明在日常工作中勤勤恳恳，各项工作都非常出色，但在部门考核中漏洞频出。

三　职场小锦囊

那么究竟该如何避免落入约翰逊效应的陷阱，防止临场发挥失常，将自己真实的实力展现出来，真正做到职场不焦虑呢？这里为大家提供三个小锦囊。

锦囊一：增强心理素质，进行抗压训练

高超的技能与强大的心理素质是成功的两大法门。这意味着我们需要培养适应能力和抗压能力，不断提高自己的心理素质，灵活应对各种情况和变化，在压力下保持冷静和清晰的头脑，以更好的心态面对职场上的各种挑战和压力。

锦囊二：保持冷静自信，稳定发挥实力

冰心在《繁星春水》中这样写道：“冷静的心，在任何环境里，都能建立了更深微的世界”。我们要学会在工作中保持冷静，避免因为紧张、焦虑或恐惧而影响自己的表现。例如，在工作中需要参加一系列的技能大赛，可以通过实践和训练，逐渐提高自己的自信心和自我控制能力，使自己能够在压力下保持镇定，从而更好地发挥自己的实力。

锦囊三：建立团队合作，促进良好沟通

通过与同事或领导保持密切的沟通，可以更好地理解自己的计划与目标，同时接受来自专业人士的指导和建议。与团队成员建立紧密的合作关系也能够带来积极的影响，互相支持和鼓励，共同面对挑战。

四 生活练兵场

王森是公司中有名的围棋高手，他从小就开始学习围棋，是当地的围棋明星。王森似乎有些倒霉，在部门内部的小型比赛中王森勇往直前，战无不胜。一旦来到大型比赛，王森却常常以失败告终。面对王森的失败，大家都十分不解，明明对手的水平不如王森，并且对手埋下的陷阱都是王森练习过的，却仍然在比赛中落入圈套。后来，王森自己道出了原因："在大型比赛时，我的思维和注意力很难集中在棋盘上，我总是在想我赢了会怎么样，输了会怎么样……"

案例中的王森出现了什么问题？请帮王森出个主意，帮助他走出这样的阴霾。

答案：案例中的王森出现了约翰逊效应，王森可以采取以下措施走出阴霾：（1）王森在大赛中可以通过深呼吸和短期正念冥想，努力保持冷静，从而提高自信心和自我控制能力。（2）王森在平时可以尝试培养自己的心理素质，包括培养自己抗压、抗挫折的能力。同时还需要培养适应能力，以应对外界的变化，不受外界的干扰。（3）王森还可以通过与领导和同事的沟通，获得来自他们的经验和鼓励。

第七节　改变的不是事实，而是你的感觉

一　心理大剧场

自信地接受工作中的挑战

转眼来到2022年年底。在这一年公司的业绩较上一年有了飞跃的提升，老板决定在元旦举办一次团建活动。

为了增加团建的趣味性，老板安排了一场游戏活动——职场背景中的“铁人三项”：整个游戏分为三个环节，第一个环节考员工的计划能力，即在规定的时间内，完成当日、当月的详细工作计划；第二个环节是考查员工的随机应变能力，要求员工在被客户恶意刁难的情境下，做出不少于3分钟的解释；第三个环节是考查员工的身体素质，即在规定的时间内进行快速计数跳绳。

张鹏是今年刚入职的一位新员工，他工作努力，为人也踏实，但是缺乏冒险精神，不愿接受较高难度的工作。因此，小张并不喜欢这种活动，但是部门的同事们都鼓励他上场锻炼一下，为了集体利益，他还是参加了。

在活动中，张鹏克服了自己对挑战的恐惧，表现出色，为部门夺得了冠军，赢得了领导和同事的赞扬和鼓励。

元旦假期后，老板突然宣布给小张一个重要的项目，这对于小张来说是一个巨大的挑战，但他还是勇敢地接受了这个工作，并向老板保证一定能够交出满意的答卷。因为在经历了团建活动的“极限挑战”后，他不再对挑战有很大的恐惧。

二 慧眼识问题

案例中的张明在公司举行的元旦团建活动中，一向不爱挑战自我的他，为了集体的荣誉参加了“职场铁人三项”活动，并为部门拿下冠军。在元旦假期后，老板给予小张一个重要的项目，这对他来说是一个巨大的挑战。然而，经过“铁人三项”的磨砺，张鹏已经变得更加自信，并向老板保证能够交出满意的答卷。张鹏在经历过“职场铁人三项”后，能够稍微看轻后续工作中的挑战，变得更有自信，这便是贝勃效应的体现。

贝勃效应是指当人经历强烈的刺激后，再施予的微小刺激对他来说也就变得微不足道。例如，心理学家所做的一项实验，在一个人的右手上举着 300 克的砝码，这时在他的左手上放上 305 克的砝码，他并不会感觉左右手上砝码的质量存在差别，直到砝码的质量增加至 306 克时，他才能够感受到左右手上砝码的质量存在差异。如果一个人的右手上举着 600 克的砝码，左手上的砝码至少达到 612 克，他才能感受到左右两手上砝码的质量存在差异。这说明一开始刺激的强度会影响对后续刺激强度的感知。

刺激强度首先影响我们的感觉，然后对我们的情绪、认知和行为产生影响。这种由于先前刺激强度影响对后续刺激感知的现象，在我们的工作中也经常出现：一个员工在刚入职时拼劲十足，然后逐渐懈怠；另一位员工一开始工作没有头绪，但是熟悉环境后，工作完成度越来越高，大家对前者的评价总是低于后者，这便是贝勃效应在操纵着我们的感觉。

三　职场小锦囊

那究竟该如何避免落入贝勃效应的陷阱，克服感觉惰性，以理性的视角看待职场中的事物，真正做到职场不焦虑呢？这里为大家提供三个小锦囊。

锦囊一：进行自我反思，克服感觉惰性

反思日常决策过程，对不同的观点审慎考虑，定期审视自己的思维模式和行为习惯，反思自己是否存在感觉惰性的情况，更加理性地对待现实中存在的事物。例如，可以通过撰写工作日记的方法，反思自己一天的工作是否存在感觉惰性的现象，是否理性地面对工作中的人或事。

锦囊二：接触丰富信息，进行多维思考

通过广泛阅读、与不同背景的人交流、参与辩论或讨论等方式，积极寻求多样化的信息和观点。接触到丰富的观点和信息有助于扩展认知范围，减少出现感觉惰性的可能性。例如，可以参加工作坊、主题讲座等，扩展自己的知识面，广泛吸收信息。

锦囊三：善于超越自我，进行自我挑战

不要盲目地相信自己的感受，挑战自己的惰性感知，思考自己的感觉是否受到其他方面的干扰。例如，在工作中，你已经习惯了同事对你的帮助，如果同事有一次没有满足你的需求，那请不要让这种习惯成为一种伤害，因为同事本可以不去帮你。

四　生活练兵场

在一个小镇上有两家文具制造公司，分别是色彩文具公司和至简文具公司。两家公司对员工采取不一样的福利发送方式。色彩文具公司每个月都会给员工发放公司销售量较高的三套文具。而至简文具公司只有在春节等重要的节假日时，才给员工发放文具。转眼间，儿童节到来了，像往常一样，色彩文具公司给每位员工发放了三套文具，希望他们将文具作为儿童节礼物送给家中的小朋友。色彩文具公司的员工表现得十分平静，虽然没有对公司表现出不满，但还是会私下里说："别的文具公司都让员工自己挑选文具带回家。"而在另一家公司中却出现了不同的结果，由于至简文具公司的员工不常收到公司发放的文具，在儿童节这一天，当员工拿到公司发放的文具后，都表现得十分兴奋，感受到了公司的关怀。

为什么两个公司的员工都收到了三套文具，反应却如此不同？

答案：这可以用贝勃效应来解释，色彩文具公司的员工由于经常收到公司发放的三套文具，因而在儿童节这一天再次收到公司发放的文具时就感到微不足道了。然而，至简文具公司的员工不常收到公司发放的文具，当儿童节这一天突然收到福利后，他们的感受就相对强烈，相比色彩文具公司的员工更能感受到来自公司的温暖与重视。

第八节　葡萄酸？柠檬甜？

一　心理大剧场

是"好员工"还是"差员工"？

王涛毕业于国内一所知名院校，毕业后入职一家大型互联网公司。王涛本人拥有扎实的理论知识，并且工作努力，多年在一线工作，积累了丰富的经验。王涛希望自己能够从一线员工晋升为项目小组经理，毕竟无论是从工作经验方面还是在工作态度方面，他都是当仁不让的模范员工。

然而，每次公司内部有项目小组经理空缺时，都是其他同事被提拔。王涛为此感到非常沮丧和不满，他觉得自己付出了那么多努力，却得不到应有的回报。

晋升的失败导致王涛出现了失眠的现象。他开始假想自己如果坐上了这个职位生活该变得多么忙碌和无趣。他安慰自己：项目小组经理需要每天加班，经常到全国各地出差，到那时自己将没有时间陪伴家人，也没有时间做一些自己喜欢的事情，还有可能因为过于忙碌导致身体健康受损。而且，项目经理职位的工资只比自己现在的工资高一点，高出的这一点工资还不够自己去医院看职业病的呢！

随后，王涛工作不再像原来一样努力，晋升对他来说也不是一件重要的事情，他决定就在自己现在的岗位上维持现状。

王涛的晋升之路越来越漫长……

二　慧眼识问题

王涛凭借扎实的知识和辛勤的工作被认为是一名模范员工。然而，每次项目小组经理的职位都被其他同事“抢走”，这让王涛感到沮丧和不满。这使王涛的心态开始发生变化，通过列举项目小组经理一职的缺点以求安慰，最终王涛决定在现有的职位上维持，不再努力。故事中王涛所表现出来的吃不到葡萄说葡萄酸，就是自我防御机制——酸葡萄效应的体现。与酸葡萄效应相似，个体还容易出现另一种自我防御机制，即甜柠檬效应。

酸葡萄效应是指因为自己真正的需求无法得到满足产生挫折感时，为解除内心不安，编造一些“理由”自我安慰，以消除紧张，减轻压力，使自己从不满、不安等消极心理状态中解脱出来，保护自己免受伤害。在《伊索寓言》中有一则“狐狸与葡萄”的故事可以生动地讲述酸葡萄效应的内涵：狐狸很想吃到熟透的葡萄，于是它准备跳起来去摘葡萄，但是经过多次努力，却仍然没有吃到葡萄。此时，狐狸已经累得筋疲力尽了，于是它安慰自己说：“反正这个葡萄也是酸的。”言外之意就是在说反正葡萄也不好吃，就算摘下来，也是不好吃的。最终，狐狸“心安理得”地离去，去寻找其他食物了。狐狸这种把“甜葡萄”说成“酸葡萄”的现象就反映了酸葡萄效应，即变良性刺激为恶性刺激，以求心理安慰，达到心理平衡，免去自我的苦恼与痛苦。

甜柠檬效应是指当个体在追求预期目标而失败时，为了减轻自己内心的不安，就百般提高自己已实现的目标的价值，从而达到自我安慰的目的。这一心理学效应也来源于《伊索寓言》中的一则故事：一只饥肠辘辘的狐狸原本想要寻找一些可口的食物，但是找遍整个森林只找到一颗酸柠檬，但是为了填饱肚子，他不得不吃下这颗柠檬，这实在是一件不得已而为之的事情。狐狸却说：“这个柠檬是甜的，这正是我想吃的食物。”狐狸这种把“酸柠檬”说成是“甜柠檬”的现象就反映了甜柠檬效应，即变恶性刺激为良性刺激，虽然在形式上与酸葡萄效应相反，但都是为了达到自我安慰的目的。

酸葡萄效应和甜柠檬效应是心理防御功能的体现，它的确能够帮助我们更好地适应生活、适应社会，但是经常使用这种防御方法会对心理健康造成负面影响。比如，鲁迅先生笔下的阿 Q，总是为自己受到的侮辱或遭遇的不公平待遇找借口，这样就太可悲了。这种自我安慰的心理防御现象不仅出现在文学作品中，在我们的工作中也常常出现：明明是自己没有努力获得升职，反而说升职后工作会越来越忙，就更没有时间陪伴家人。

三　职场小锦囊

那究竟该如何避免酸葡萄效应和甜柠檬效应产生的负面影响，培养积极心态，学会欣赏他人的成功和从自己的失败中找到成长的机会，做到真正的职场不焦虑呢？这里为大家提供三个小锦囊。

锦囊一：明确自身需求，积极满足期望

深入了解自己的需求，包括生理和心理需求，不要逃避或掩盖自己的真实感受，努力满足自己的合理需求，而不是陷入“得不到的就是不好的”或者“已有的就是最好的”的消极心态，自设藩篱。例如，在工作中，我们应该明确个人需求，并通过努力满足自己的合理需求。

锦囊二：保持乐观心态，勇于面对挑战

在工作中，要学会欣赏他人的成功和成就，在一定情况下，他人的成功并不意味着自己的失败。不要总是进行横向对比，即比较自己与他人的差距，而是努力进行纵向比较，着眼于自己在工作中的成长和进步，以积极的心态面对生活中的挑战。并且要客观认识并接受自己的失败，俗语说“失败是成功之母”，短暂的失败并不可怕，我们要学会从一次失败中汲取教训，为下次的成功奠定基础，而不总是试图为自己的失败找借口、掩饰事实。

锦囊三：坚定努力信念，增强个人自信

每个个体都具有存在的意义，相信自己的能力和价值，树立坚定的自信心，可以在家中、办公场所悬挂励志标识等，不要被他人的成就所影响，也不要轻易否定自己，要相信自己通过努力也能在工作中取得成功，实现自己的目标。

四 生活练兵场

李明是销售部篮球队的主力队员，由于从小就接受篮球训练，所以他的球技精湛，经常带领销售部篮球队取得冠军，而李明本人也成为公司的“篮球明星”，这让李明逐渐骄傲起来。在一次与生产部的友谊赛上，生产部球队的实力远不如销售部，但销售部却以 40∶75 的成绩惨败。然而，李明率领的篮球队并没有因为这次的失败而汲取教训，反而自我安慰道：“我们已经赢过这么多次了，大大小小的奖杯把销售部办公室的奖励柜都填满了，这次比赛就是让着他们的！”这种骄傲自大的风气在球队中蔓延开来，球员也不再按时训练，在平时的训练中也漫不经心，此后输了比赛就像上次一样安慰自己。不久，这支球队再也没有往日的辉煌战绩。随着这种风气的蔓延，销售部整体的销售额也出现了下滑的倾向。

案例中的销售部篮球队在输掉比赛后，出现了什么现象？请你为球队出个建议，帮助他们正确面对失败。

答案：案例中的销售部篮球队出现了甜柠檬效应，下面是一些可以帮助球队正确面对失败的建议：（1）销售部篮球队应该主动从每次的失败中汲取教训，不要试图为自己的失败找借口。（2）在失败成为既定事实后，要做到既不妄自菲薄也不夸大以往取得的成就，而是要对篮球队的状态做出客观评价，在此基础上设置合理目标，重新出发。（3）销售部篮球队应该积极寻求社会支持，向教练、其他篮球队队员等寻求建议，争取再创辉煌。

第九节　为什么升米养恩，斗米养仇？

一　心理大剧场

100－1=0？

老郝是公司公认的“大好人”，公司的员工无一不称赞他是公司的模范员工。

老郝之所以获得这个称号，是因为他不仅尽职尽责地干好本职工作，在空闲时间，还会把办公室的地板清理干净，换换水桶，跑腿帮大家订外卖、带早饭。一开始，同事还会因为老郝无私的行为心怀感激，他们认为：大家都是同事，不能平白无故地接受老郝的帮助。后来，大家也习惯了老郝的“勤劳”，这样的感受也慢慢消失。

最近一段时间，大家对老郝的评价有些下降。

老郝由于年龄的增长，时常饱受腰痛之苦，导致他更换水桶的频率明显变慢。这一变化引发了办公室同事的不满，暗自抱怨老郝的拖延行为。

当同事请求老郝帮忙下楼取外卖时，老郝因腰痛拒绝了，这让同事开始在心里怀疑：为何老郝现在不愿帮助人了？这种情绪使得大家对老郝的评价急转直下，他们开始怀疑老郝原来乐于助人的行为都是装出来的，对老郝的负面印象逐渐占据主导地位。

为什么老郝明明帮助大家做了这么多事情，最后在同事心中的印象却变差了呢？

二 慧眼识问题

案例中的老郝，由于经常乐于助人，被同事们评价为模范员工。由于老郝的年龄增长，常常遭受腰痛的折磨，相比原来帮助他人的次数在减少。此时，同事对老郝的评价便出现了两极反转，大家纷纷怀疑老郝助人为乐的行为是装出来的，对老郝的负面评价逐渐占据主导地位。这种无论之前多么助人为乐的员工，只因不再帮助别人，便被全盘否定的现象就是烂瓜子效应的体现。

烂瓜子效应又被称为零分法则，是指在人际交往中所发生的消极否定性的人格特质引起的月晕效应。就如同我们在吃瓜子时，尽管吃了不少的好瓜子，但只要最后吃到一颗烂瓜子，那么这次吃瓜子的体验就会全然改变，就会给人留下吃烂瓜子的坏印象。

这种现象在日常工作中也经常出现，影响着我们对他人的评价，进而影响着职场中人际关系的和谐。如一位员工平时工作勤勤恳恳，业绩也很突出，一旦他在工作中出现一些失误，大家对他的印象就会大打折扣，开始质疑他的工作能力。

三 职场小锦囊

那究竟该如何避免烂瓜子效应的怪圈，避免对他人进行片面的印象评价，从而营造和谐的职场人际关系，真正做到职场不焦虑呢？这里为大家提供三个小锦囊。

锦囊一：修炼冷静之道，理智应对纷扰

当对方做出负面行为，并且触发我们的消极感受时，可以尝试与对方中断交流或者拉开距离，暂时不对对方做出任何评判，仅仅是感受当下产生的情绪。待冷静下来后，再尝试对对方进行全面的评价。例如，当察觉到对方的某一行为可能会影响到自己对他的评价时，可以先“逃离战场”，对其持中立态度，等情绪冷静下来后，再对对方进行评价。

锦囊二：构建印象评分，客观评判人心

我们对一个人形成的印象并不是一成不变的，而是会根据一定的事件经历、对方的言语态度等在相对既定的印象分值内不断地波动。此时，我们可以在心中绘制一张印象分值表（10 分是非常喜欢，1 分是不喜欢），对他人进行如下的评价：（1）日常想起他，觉得可以打多少分？（2）今天的相处结束后，觉得可以打多少分？（3）对方的言行让你感到不满，此时你可以打多少分？（4）对方分值较低的时候，是否存在与对方交流的可能性？学会观察并记录自己内心的变化，这种心路历程也可以帮助我们更加客观地看待与他人的关系，避免形成对他人的片面印象。

锦囊三：接受他人瑕疵，深化人际理解

毛姆在《月亮与六便士》中写道：“那时，我还没有懂得人性是如何的矛盾，我不知道真诚中有多少做作，高贵中有多少卑鄙，或者，邪恶中有多少善良。如今我是充分懂得了，小气与大方，怨怼与仁慈，憎恨与热爱，是可以并存于一颗心中的。”我们不能允许“烂瓜子”的存在是因为我们内心无法接受对于他人“完美形象”的破灭，但是世界上并不存在绝对完美的人，只是因为我们心中有希望他人“完美无瑕”的期望，因此在出现“瑕疵”的时候才会格外无法忍受。因此，要学会接受他人的不完美，尝试理解人性的多变，充分进行探索，以求对他人有更深刻的理解与认识。

四 生活练兵场

张鹏是一家 IT 公司的老总，李明是他手下的一员得力干将。李明虽然进入公司不久，但是由于他工作能力较强，在公司的人际关系也较好，很快就得到了张鹏的青睐。张鹏对李明十分信任，近期公司接到了一个大项目，张鹏建议以李明为主，组建一个项目小组完成这个项目。由于这个项目的难度很高，远超出李明前期接触过的工作，加之他工作经验不足，因此项目没有让客户满意。经过这次失败，张鹏对李明的态度急转直下，认为李明之前的努力工作都是装给自己看的，能力也一般，日后也不再重视李明。

案例中的张鹏对李明的评价存在什么问题？请为张鹏提些建议，帮助他客观地评价李明。

答案：张鹏对李明的评价出现了烂瓜子效应，张鹏可以采取以下措施客观地评价李明：（1）当李明出现工作失误时，张鹏可以调节自己的消极情绪，待冷静下来后，再对张明进行全面、客观的评价。（2）张鹏要学会接受李明作为一个活生生的人，必然存在不完美之处。同时，张鹏需要对李明进行充分的了解，考察其工作失误的真正原因，以求对李明有更深刻的认识。

第十节　人越多越冷漠

一　心理大剧场

他昏倒了，你们为什么只是看着？

在一家大型企业中，员工们日复一日地忙碌着，他们像一部庞大机器中的各个零件，协同工作，共同推动企业向前发展。每个员工都承担着各自的责任，为了完成任务而奋斗。

在一个平凡的工作日，一声闷响打破了安静的氛围，一名员工突然昏倒在地，周围的人立刻停下了手中的工作，纷纷把目光聚焦在倒地的员工身上。他们并没有采取任何行动，只是看着，甚至有些人还用手机拍下了这一幕。

这时，另一名员工小李看到了这一幕，立刻冲上前去，拨打了急救电话并开始对昏倒的员工进行急救。几分钟后，救护车赶到现场，将昏倒的

员工送往医院。

这一事件在企业内部引起广泛的关注和讨论。一些人赞扬了小李的勇敢和善良，认为他是企业的骄傲；另一些人则批评那些围观者冷漠无情，没有伸出援手。

二 慧眼识问题

昏倒的员工之所以没有第一时间得到救助，是因为旁观者认为其他人会提供帮助，或者认为自己的帮助可能不会起到很大的作用，这就是旁观者效应。

旁观者效应也被称为责任分散效应，是指在紧急情况下，当有多个旁观者在场时，个体提供帮助的可能性会减少。

旁观者效应的产生与几个因素有关：

1. 责任扩散：当有多个旁观者在场时，每个人分担的责任较少，因此个体会期望其他人提供帮助。例如，公交车上需要给老人、孕妇让座时，人们会抱着等待其他人让座的心态，最终造成无一人让座的情况。

2. 情境的不明确性：旁观者无法确定某一情境处于紧急状态，这时其他旁观者的行为就会影响到个体的决策。例如，当餐厅中有人突然倒地不起，他可能是有低血糖或其他一些严重的疾病，你在原地犹豫不决，而这时如果有其他人上前救援，你也有可能上前伸出援手。

3. 评价恐惧：当人们知道别人正注视着自己，可能会担心自己表现得不够好，因此会尽量避免在他人面前呈现自己的不足。这种心态会导致个体在面对情境时犹豫不决，不敢冒险尝试，从而限制其做出帮助行为的可能。

三 职场小锦囊

那究竟该如何避免旁观者效应，让我们能够及时地互帮互助，或者在面对突发状况时能够更加迅速地做出反应，做到职场不焦虑呢？这里为大家提供五个小锦囊。

锦囊一：明确目标导向，激发个体动力

在组织或团队中，明确每个成员的目标和期望，使其明白个人努力与团队整体目标之间的关系。通过明确的目标导向，激发个体的责任感和主动性，避免旁观者效应。例如，与团队成员共同制订明确、可衡量的目标；定期回顾和更新目标，确保它们仍然与团队的整体战略相一致；在日常工作中强调目标的重要性，并通过奖励和认可来激励团队成员。

锦囊二：强化角色责任，避免任务模糊

明确个体在团队中的角色和责任，避免任务模糊或责任重叠。通过强化个体的责任意识，促使他们更加主动地参与团队工作，减少旁观者效应。为每个团队成员分配明确的职责范围，制订明确的责任矩阵或任务清单，确保每个人都清楚自己的工作要求，并定期进行责任意识培训，使团队成员认识到自己的角色和责任对团队的重要性。例如，在向人群请求帮助时，直接将求助对象指定为人群中的某一人，可以将人群承担的责任转移到个人，起到强化责任，消除模糊的效果，从而减少旁观者效应。

锦囊三：建立信任合作，促进团队协同

促进团队成员之间的信任与合作，使他们更愿意互相支持并承担责任。通过建立互信关系，减少个体的观望心态，降低旁观者效应的影响。为此，需要创造一个开放、包容的沟通环境，鼓励团队成员分享观点和经验。经常组织团队建设活动，增进成员之间的了解和信任，培养积极的团队文化，鼓励成员相互支持、共同成长。

锦囊四：合理分权授权，激发团队潜能

分权和授权给团队成员，使他们拥有更多的自主权和决策权。这样可以激发个体的积极性，减少对他人决策的依赖，避免旁观者效应的出现。

领导者应该根据团队成员的能力和经验，给予他们适当的决策权和资源调配权，并提供必要的培训和支持，使团队成员具备承担更多责任的能力，还要定期回顾授权情况，确保决策权分配合理且有效。

锦囊五：明确奖惩机制，强化责任担当

建立明确的奖励和惩罚机制，通过正负刺激相结合的方式，促使个体更加主动地承担责任，以激励团队成员更加积极地参与工作，减少旁观者效应的出现。对此，应该设立明确的奖惩制度，对表现优秀的团队成员给予表彰和奖励，并制订合理的绩效考核标准，确保奖励与业绩相匹配；对于不积极参与或造成负面影响的成员，进行适当的警告或惩罚。定期评估激励机制的有效性，并根据实际情况进行调整和完善。

四 生活练兵场

一天，程序员小王和往常一样在工位上工作，突然有一名同事老张心脏病发作，呼吸骤停，陷入了昏迷。救护车赶到还需要一段时间，小王曾学过一些急救知识，于是立刻对老张进行心肺复苏。几分钟过去，同事老张依旧没有苏醒的迹象，而小王因高强度的反复按压已经开始体力不支。此时有不少同事正在围观，小王赶忙喊道："谁能来帮下忙？"一时间无人应答。见此，小王把目光转向其中一位中年男性："老赵，我快没力气了，可以来替我一下吗？"老赵听此赶忙上前，在小王的指导下继续给老张进行心肺复苏。最终救护车赶到，老张得到了及时的救治，医生也对小王的处理进行了高度表扬。

为什么众人第一时间没有帮助小王？小王是如何获得帮助的？

答案：当有多个旁观者在场时，每个人分担的责任较少，因此个体会期望其他人提供帮助，这种责任扩散会导致旁观者效应，使旁观者伸出援手的可能性降低。小王通过直接向老赵求助，将求助对象从所有旁观者聚焦到单一个体，明确了角色责任，防止责任扩散，避免了旁观者效应，从而第一时间获得帮助，成功救助了同事老张。这就是锦囊二的效果：强化角色责任，避免任务模糊。

第三章

社交高手的职场秘籍

第一节　“先抑后扬”效果好

一　心理大剧场

虎头蛇尾的恶果

小陈大学毕业后，满怀期待地踏入了新的工作单位。一开始，他都会提前到达单位，打水、扫地，遇到节假日，他也主动提出加班。当领导分配任务时，即使面对一些颇具挑战性的工作，他也毫不犹豫地接下，给同事留下很好的第一印象。

随着时间的推移，小陈渐渐感受到巨大的压力。他发现持续的高强度工作让他身心俱疲，初入职场的热情和决心在日复一日的劳累中消磨殆尽。他不再提前到单位打扫卫生，甚至开始迟到。对领导分配的任务，他也变得挑剔起来，只愿意承担那些轻松且容易出成绩的工作。

同事注意到小陈的变化，对他的评价逐渐降低。甚至有人私下议论，说他的表现还不如那些刚入职的同事。小陈听到这些议论，心中充满沮丧和挫败感。他开始怀疑自己的能力，工作态度也变得越来越消极。

与此同时，小周作为同期入职的新人，却表现出截然不同的职场态度。他并没有急于求成，而是选择稳扎稳打的发展策略。他虚心向前辈请教，认真学习每一项工作的流程和技巧。刚开始时，他也因经常犯错而被批评，但他并不气馁，及时总结经验教训，努力提升自己。

随后，小周的工作能力得到了显著的提升。他从一个经常出错的新人成长为一个能够熟练处理各种工作任务的优秀员工。同事对他的评价也越来越高，也愿意与他分享更多的工作经验和资源。小周感受到来自同事们的认可和支持，他的工作态度也变得更加积极和主动。

二 慧眼识问题

职场中的员工经常要接受同事对自己的评价和建议。总体上讲，小陈和小周接受的评价都是有褒有贬，却产生不同的结果。当赞美不断增加时，人们会感到愉悦和满足，这会使他们的态度逐渐变得积极。相反，当赞美突然停止或转为批评时，人们会感到沮丧和不满，这会导致他们的态度发生大的改变。这种挫折感的产生是因为人们的心理预期没有得到满足，这就是阿伦森效应。

阿伦森效应是指人们对于那些对自己的喜欢、奖励、赞扬不断增加的人或物越来越喜欢，而对于那些对自己的喜欢、奖励、赞扬不断减少的人或物越来越反感。心理学家艾略特·阿伦森在实验中将参与者分为4组，每组会得到不同的评价，借以观察参与者对哪一组最具好感。第一组始终对之褒扬有加，第二组始终对之贬损否定，第三组先褒后贬，第四组先贬后褒。此实验对数十人进行后，发现绝大部分人对第四组最具好感，而对第三组最为反感。这种现象源于人们心理上的挫折感，当一个人得到的评价逐渐下降时，他的心理会产生一种递增的挫折感，这种挫折感会引发人们的反感情绪。

许多文学作品中“不打不相识”的情节里便有阿伦森效应的作用。例如，关羽和张飞起初因为一些小摩擦大打出手，但在刘备调解后，二者不仅欣赏彼此的高强武艺，也发现对方的忠义和远大志向，最终有了桃园三结义的佳话。

不仅是文学作品，我们的生活中也有阿伦森效应的影子：在婚姻关系中，随着时间的推移，夫妻之间彼此的照顾和迁就可能会逐渐减少，也会越来越多地看到对方的缺点，造成评价的下降，而这种先褒后贬的情形会导致婚姻关系的恶化。

三 职场小锦囊

那究竟该如何有效利用阿伦森效应，帮助我们建立和保持良好的人际关系，保证职场不焦虑？这里为大家提供三个小锦囊。

锦囊一：渐进展露才华，稳步积累声誉

一开始不要过于炫耀自己的才华，应该逐步展现出来。这样可以逐渐增加他人对自己的好感度，同时避免一开始给人留下过于自大的印象。例如，在社交场合中，可以先展示一些简单的才艺，如唱歌、跳舞或演奏乐器等，逐渐吸引他人的注意。刚入职时，如果为了给人留下好印象而过分用力，每天提前到单位打扫卫生，节假日主动要求加班，强行包揽大量困难的任务，那么在坚持不下去后，大家对我们的印象便会急转直下。

锦囊二：避免先褒后贬，平衡他人心态

在需要对他人进行评价时，采取一定的顺序和方法非常重要。首先，我们应该先提出需要改善的方面，这不仅能让对方清楚地了解自己的不足之处，还能为他们提供一个改进的方向。然后应该肯定对方的优点和进步，这可以增强对方的自信心和积极性，同时也可以让他们更加愿意接受批评和改进自己的不足之处。在肯定优点和进步时，应该尽可能具体和明确，以增强肯定的效果。在人际交往中，应避免在交往初期就把人夸得天花乱坠，在后续交往中再提出缺点，这就会使对方对我们的好感大大降低。相反，我们应该逐渐深入地了解对方，发现对方身上的闪光点，逐渐提升对方的评价，这样我们才能建立起一段稳定良好的关系。

锦囊三：虚心接纳批评，开放拥抱进步

如果对他人的批评或意见产生反感，我们就会产生抵触情绪，进而拒绝接纳很多对我们有益的建议，这不利于我们的职业生涯发展。因此，在学习阿伦森效应后，我们要意识到阿伦森效应的负面影响并努力克服它。

对此要时刻保持开放的心态，愿意倾听他人的意见和建议。不要轻易反感或抵制他人的批评，而是要认真思考并尝试理解其中的合理之处，不要因为意见不符合自己的期望就完全忽视它，而是要认真评估其价值，并考虑是否可以采纳。如果认为他人的意见有建设性，就应该积极与他们进行沟通交流。通过交流可以更好地理解对方的观点和意图，同时也可以让对方了解自己的想法和需求。

四 生活练兵场

小吴和小孙是同事，小吴工作认真负责，但有时过于追求完美，导致效率不高。一天，小孙找到小吴，微笑着说："小吴啊，我一直很佩服你的工作态度，但我觉得你有时候太过于追求完美了。"小吴听后有些惊讶，但没说话。小孙接着说："这样虽然很好，但会影响工作效率。我觉得适当地放松一些标准，可能会更好。"小吴听后若有所思，表示会考虑小孙的建议。几天后，小孙再次找到小吴，这次他赞扬道："小吴啊，我觉得你真的很优秀。我之前说的那些建议，你采纳后工作效率立刻就有了很大改善。"听到这番话，小吴心里暖暖的，从此更加信任小孙，两人的关系也因此变得更加融洽。

小吴和小孙的关系是如何更加融洽的？这对我们维系人际关系有何启发？

答案：根据阿伦森效应，人们对于那些对自己的喜欢、奖励、赞扬不断增加的人越来越喜欢，而对于那些对自己的奖励、赞扬不断减少的人越来越反感。因此先贬后褒的效果往往好过先褒后贬。小孙在给小吴提出建议后，及时对小吴的后续表现提出赞扬，令小吴感受到成就感和满足感，两人的关系也就越来越融洽。这就是锦囊

二的效果：避免先褒后贬，平衡他人心态。我们应该逐渐深入了解对方，发现其身上的闪光点，逐渐提升对对方的认同，这样我们才能建立起一段稳定良好的关系。同时，我们也可以采取其他两个锦囊的建议，逐步展现自己的才华，同时虚心接受他人的批评和建议，给他人留下越来越好的印象。

第二节 瑕疵也有积极意义

一 心理大剧场

完美无瑕还是瑕不掩瑜

在公司里，小高和小林是两位备受瞩目的优秀人才。他们都有着出色的工作表现和卓越的能力，是公司里备受重视的员工。

不久前，公司举行了一场项目经理竞选，小高和小林都报名参加。在竞选演讲前，小高非常认真地准备了演讲稿，并反复练习，确保自己的演讲完美无缺。他还为演讲设计了精美的PPT和背景音乐，让整个演讲更加生动、富有说服力。

小林同样也为演讲做了充分的准备。然而，就在他即将上台演讲的时候，他被台阶绊倒了。所有人都没想到会出现这种情况，台下顿时发出一阵哄笑。小林迅速地站了起来，拍了拍自己的衣服，对着观众笑了笑，说：“哎呀，看来我还需要多练习一下平衡能力，不然怎么在工作中保持稳定呢？”全场观众被他逗笑了，尴尬紧张的气氛一下子轻松起来。接下来，小林也同样出色地完成了自己的演讲，赢得了观众的阵阵掌声。

小高和小林的能力同样优秀，但小林的摔跤丝毫没有降低大家对他的认可。最终，投票结果揭晓，小林成功当选项目经理。

二 慧眼识问题

为何同样出色的表现，有小瑕疵的小林最后反而胜出？殊不知可能正是这个插曲，成了小林的制胜关键。

出丑效应又叫仰巴脚效应或犯错误效应，是指优秀的人无意中犯点小错误，不仅瑕不掩瑜，反而更使人觉得他具有和别人一样的缺点，让人更加喜爱他。

心理学家艾略特·阿伦森曾做过这样一个实验：参与者观看四段访谈录像，第一段录像里的受访者是一位能力十分出众的成功人士，他在自己的事业中获得了巨大的成功，在采访过程中时，他表现得十分自然，谈吐优雅，言语中充满自信，他的出色表现，赢得了观众的热烈掌声；第二段录像里的受访者也是一位很优秀的成功人士，不过相比于第一位受访者，他在台上表现得有些紧张，最后竟把桌上的咖啡杯碰倒了；第三、四段录像里的受访者都是普通人，第三位的表现平平无奇，第四位则和第二位一样紧张，也碰倒了咖啡杯。当参与者看完四段录像后，让他们从上面的这四个人中选出一位他们最喜欢的，选出一位他们最不喜欢的。最终，几乎所有人都最不喜欢第四位受访者，但出人意料的是，参与者最喜欢的不是第一位自信的成功人士，而是有 95% 的人选择了碰倒咖啡杯的第二位。

正所谓“金无足赤，人无完人”，是人就难免会有犯错的时候，如果一个人的表现完美无缺，反而会让人感觉不够真实，难以亲近和信任。如同书中的角色如果只描写人物的机智、勇敢、正义等优点，而不刻画其缺点，也

会让读者觉得这个角色不够丰满立体。一个典型的历史案例是三国时期曹操“割发代首”的故事，他因违反自己定下的军令而主动承认错误并自我惩戒。这种勇于承认过失的行为不仅没有损害曹操的威信，反而增强了他的领导力和公信力。

三　职场小锦囊

那究竟该如何应用出丑效应，让我们能够在职场中给他人留下更好的印象，保证职场不焦虑呢？这里为大家提供三个小锦囊。

锦囊一：坦诚展露短板，真诚建立信任

在与人交往中，我们应该学会接受自己的不完美，保持诚实的态度，勇于承认自己的不足和缺点。例如，在团队合作时，向团队阐明自己擅长的领域和不擅长的领域。不要害怕暴露自己的问题，因为每个人都有自己的短板。诚实地面对自己的不足，不仅可以让对方感受到我们的真诚，还可以建立信任关系。面对他人的批评和建议，我们应理性看待，这可以帮助我们更好地了解自己的不足，从而有针对性地改进自己，真正地成长和进步。此外，在追求目标和理想的过程中，我们也应该避免追求完美。完美的追求可能会让我们感到压力和焦虑，甚至导致我们无法取得进步。相反，我们应该接受自己的不完美，并努力改进自己，以达到更好的目标。

锦囊二：叙述失败故事，增加情感共鸣

在适当的场合下，我们可以分享自己曾经犯过的错误和遇到的挫折，例如讲述一些自己以前的糗事，这是一种非常有效的拉近关系的方式。展示真实的自我，不要试图装作完美无缺的人，这种分享不仅可以增加我们与他人的共鸣和联系，还可以展示我们从中学习和成长的能力。当然，在分享失败经历时应该注意适度，不要过分夸大或缩小自己的错误，更不要把责任推给他人。

锦囊三：自嘲化解尴尬，幽默促进亲近

自嘲是一种高级的幽默方式，能够有效地缓解紧张和尴尬的气氛。当我们犯了一个小错误或出现了不完美的状况时，如果能够像小林一样以自嘲的方式轻松对待，不仅可以让人们感受到我们的谦逊和真诚，还能够展现我们的幽默感和乐观精神。这种自嘲式的幽默不仅能够化解尴尬，还能够拉近我们与他人的距离，增强彼此的亲近感。当然，自嘲并不意味着要刻意贬低自己，而是要在轻松愉快的氛围中，以一种自嘲而不自贬的方式展现自己的不完美。

四 生活练兵场

小赵是初入岗位的新员工，他内心充满忐忑，深知作为职场新人，形象的树立至关重要。他每天都会精心打理自己的形象，从发型到西装都一丝不苟，希望以此赢得同事的尊重。在工作中，小赵展现出卓越的能力，无论遇到什么问题，他都能迅速解决。每次成功解决问题后，他都能感受到同事投来的钦佩目光。然而，小赵总觉得这些尊重似乎有些流于表面，同事并未真正地接纳他。为此，他越发关注自己的形象和工作表现。某日，小赵与同事一同乘坐电梯。在电梯中，他突然感到腹部不适，放了一个响亮的屁。当时的气氛尴尬至极，小赵几乎无地自容。同事们则是憋着笑，尽量不看他。随后，奇怪的事情发生了，自从那次电梯事件后，小赵与同事的沟通变得顺畅多了。

小赵为什么突然解决了和同事的关系问题？这对我们维护人际关系有何启发？

答案：在此之前，小赵虽然通过专业的形象和卓越的工作能力赢得同事的尊重，但这种尊重更多是基于他的职位和能力，而非真正的个人魅力和亲和感。随后，电梯中的尴尬事件让小赵展现出自己也有普通人的一面，也有犯错和尴尬的时候。这种真实展现使得同事对小赵有了更全面的了解，也更容易将他视为一个可以亲近和交流的同事。这种变化使得同事更愿意与小赵进行沟通，也更容易接受他。这就是出丑效应的作用。对此，我们可以采取三个锦囊的建议，接受自己的不完美并坦诚展示自身短板，偶尔分享自己的失败经历，在出丑时也可以通过自嘲等幽默方式，来拉近与他人的距离。

第三节　不要过度高估自己

一　心理大剧场

老罗的“双标”行为

老罗是一家互联网公司的员工。他与其他五人组成团队，共同负责一个重要的项目。这个项目对公司至关重要，因此高层领导对团队寄予了很高的期望。

在项目的初始阶段，老罗和他的团队表现得非常出色。他们按时完成各项任务，并且项目进展顺利。老罗将此归功于他出色的工作才能和组织协调能力。他经常在团队会议上汇报自己对团队的各项贡献，并表示只要有自己在，就能圆满地完成项目。

然而，随着项目的推进，问题也开始出现。一些任务开始延期，一些功能出现缺陷，客户反馈也开始变得负面。尽管这些问题也解决了，但它们确实给项目带来了不小的麻烦。面对这些问题，老罗开始将责任推卸给其他人。他指责供应商没有按时提供所需的软件，团队其他成员在执行任

务时不够努力。

老罗的这种“双标”行为导致团队士气下降。他们开始怀疑自己的能力和价值，也开始对老罗的“双标”产生不满。最终，这种情绪导致团队工作效率降低，项目进展困难。

二 慧眼识问题

为何老罗在成功时将原因归于自身能力，而受挫时却又将原因归因于供应商和团队成员？因为他犯了大部分人都会犯的错误。

自我服务偏差又称自利性偏差，是指个体在认知、判断和解释事物时，常常将成功归因于自己，而将失败归因于他人或外部环境。这种偏差导致个体过分夸大自己的能力和成就，而忽略自己的不足和错误。

自我服务偏差的产生可能与个体的自尊心有关。为了维护和提高自尊心，个体往往会将成功归因于自己，以增强自信心和满足感，而将失败归因于外部因素，以避免对自己的能力和价值感的打击。这种归因偏见在许多情况下都存在，例如在工作场所、人际关系等多个领域。

在工作场所中，自我服务偏差会导致员工过分夸大自己的贡献和价值，将成功归因于自己的能力和努力，而将失败归咎于外部因素，例如上司的无能、同事的嫉妒等。这种心态会影响员工的自我认知和职业发展，甚至可能导致团队协作的破坏。自我服务偏差也会导致人际关系出现问题。当个体过分强调自己的能力和成就时，他会忽视他人的感受和需要，从而导致人际关系的疏远和紧张。这种心态还会导致个体在处理冲突和问题时，过分强调自己的立场和利益，而忽视他人的观点和利益。

三 职场小锦囊

那究竟该如何克服自我服务偏差，让我们对自身有更清晰的认知、建立良好的人际关系，帮助我们职场不焦虑呢？这里为大家提供三个小锦囊。

锦囊一：保持虚心态度，勇于自我超越

保持谦逊和虚心学习的态度是克服自我服务偏差的关键。要时刻提醒自己，没有人是完美的，每个人都有自己的优点和不足。不要过分夸大自己的能力和成就，要保持谦逊的心态，愿意向他人请教和学习。保持一个开放的心态，愿意接受新的知识和经验。不要满足于自己现有的知识和技能，要不断学习和探索新的领域。可以通过阅读图书、参加培训课程、与他人交流等方式来获取新的知识和经验。当我们遇到不懂的问题或者面对挑战时，不要害怕承认自己的不足，而是积极寻求解决方案。我们可以与同事或专业人士建立学习关系，寻求他们的建议和指导，从中获取更多的知识和经验。

锦囊二：培养感恩心态，拥抱成长馈赠

感恩心态可以帮助我们更加客观地看待自己的能力和成就，减少自我膨胀和过度强调自己的贡献。每天花一些时间回顾自己生活中积极的事情和遇到的人，感谢他们的帮助和善意。无论是家人、朋友、同事还是陌生人，他们的支持和关爱都是我们成长的动力。记录下这些感激之情，例如写日记或者在社交媒体上分享。此外，试着从失败和挫折中寻找积极的意义。不要将失败视为负面的事情，而是将其看作是成长的机会。感恩失败和挫折，可以让你更加珍惜成功的喜悦，并且更好地总结经验教训。

锦囊三：深化自我反思，秉持理性之光

通过反思，我们可以更好地认识自己的行为和思考方式，发现是否存在自我服务偏差的倾向，并采取措施加以改进。要保持客观和理性的态度。不要过度美化自己的行为和想法，而是要以客观事实为基础，学会从多个角度对自己的行为和想法进行评估，不要只关注自己的立场和利益。在日常生活中，可以记录下自己的想法和行为，并分析它们是否符合客观事实和实际情况，同时也要记录下他人的反馈和评价，以便更好地了解自己的优点和不足。此外，也要学会适应变化和挑战，不断提高自己的适应能力和创新能力。

四 生活练兵场

小唐是公司的一名年轻职员，前后接到两个重要任务。第一个任务他完成得非常出色，自信心倍增，他认为这是自己能力强、头脑好的缘故。当接到第二个任务后，他却遇到了重重困难，无法如期完成。他抱怨运气不好，责怪同事拖后腿等。后来，他通过反思和同事的建议，他开始逐渐明白，自己不应该成功就高估自己，失败就贬低他人，成功并非全凭个人能力，团队合作和应对挑战的能力同样重要。于是，他开始更加注重团队合作，充分发挥每个人的长处。最终，他完成了第二个任务，也意识到在困难面前，不应该总是抱怨，而是应该善于寻找解决问题的方法。

为什么小唐对于两个任务的态度截然不同？这对我们正确认识自己有何启示？

答案：对于第一个完成的任务，小唐将成功的原因归于自身能力优秀；而面对第二个困难的任务时，小唐则将受挫的原因归为运气、他人阻碍等外部因素。这种自我服务偏差的产生与个体的自尊心有关。为了维护和提高自尊心，个体往往会将成功归因于自己，以增强自信心和满足感，而将失败归因于外部因素，以避免对自己的能力和价值感的打击。对此，我们可以采取三个锦囊的建议，这样才能对自身有一个更清晰的认识。

第四节　不要过分低估他人

一　心理大剧场

懒惰背后的真相

销售员老曹在一家大型电子产品零售公司工作。一天，领导发现近期销售数据出现下滑趋势并询问原因，老曹将问题归咎于销售团队的懒惰和不努力。他在汇报中严厉地批评团队其他成员，指责他们没有付出足够的努力来提升业绩。

销售团队的成员感到很委屈。他们解释说，销售数据下滑并非完全是团队不努力所致，而是因为竞争对手最近推出新产品，该产品在市场上非常受欢迎，导致他们的销售额受到影响。此外，市场整体需求下降也是导致业绩不佳的一个重要因素。

这些在老曹心中认为都是借口，团队不努力才是真正的原因。他向领导反映，要求给他们施加压力提高业绩。几个月后，销售数据依然没有起色，销售团队士气低落，业绩持续下滑。最终，公司领导意识到问题的严重性，决定重组该团队。

二 慧眼识问题

面对销售数据的下滑，虽然其他同事给出比较合理的解释，但老曹认为是借口，将业绩的下降归因于同事的懈怠，这种看似不近人情的态度其实蕴含着人们常犯的错误。

基本归因错误是指人们在解释他人的行为时过度强调个人特质的作用，而忽视外部环境和社会因素的影响。在职场中，基本归因错误常常导致领导与员工之间离心离德，例如当员工在工作中出现失误或未能达成目标时，领导会倾向于将其归因于员工的个人能力不足、态度不端正或缺乏责任心等内在因素。这种归因方式忽略了存在的外部情境因素，如资源不足、沟通不畅、时间紧迫等。这一现象的形成涉及多种心理机制和因素。

首先，人的天性倾向于将事物归因于某种固定的原因，尤其是对于他人的行为。当观察到某个人的成功或失败时，我们会本能地寻找稳定的原因来解释这一结果。例如，当看到某人在工作中取得巨大成功时，我们会将其归因于他的能力、勤奋或天赋，而不是他面临的机遇、支持或挑战。

此外，信息不足和先入为主的观念也是导致基本归因错误的原因之一。在面对复杂情境时，我们没有足够的信息来判断行为的真正原因。此时，我们会依赖已有的经验和偏见来快速做出判断，从而忽略更全面、客观地分析问题的重要性。

三 职场小锦囊

那究竟该如何克服基本归因错误，让我们能够客观正确地看待他人行为，避免以偏概全，做到职场不焦虑呢？这里为大家提供三个小锦囊。

锦囊一：深究背景信息，避免草率结论

当看到他人的行为时，不要急于下结论，而是要深入了解其背后的信息。与相关人员保持开放、真诚的沟通，通过提问、倾听和观察，了解他们的观点、感受和需求，探究行为背后的原因。避免假设和先入为主的观念，保持中立和客观的态度。不仅要关注个人的行为表现，还要了解其背后的组织环境、团队动态、项目情况等。通过收集多方面的信息，可以更全面地理解行为的原因。此外，一些情境因素如工作压力、紧急事件、资源限制等也会影响一个人的行为。在获取信息的过程中，要保持谨慎的态度。对于可能存在歧义或误解的信息，要进行求证和验证。通过多方进行沟通，对比不同来源的信息，以确保信息的准确性和可靠性。

锦囊二：培养同理之心，减少归因之误

培养同理心是克服基本归因错误的重要素质。同理心是指站在他人的角度上，尝试理解其感受、需求和观点的能力。通过培养同理心，我们可以更好地评估他人的行为原因，减少归因错误的发生。首先，倾听是关键。在与他人交流时，要全神贯注地倾听他们的观点和感受，不要打断或提前做出判断。通过倾听，可以更好地了解他们的需求和顾虑。其次，换位思考。在评估他人行为的原因时，尝试站在对方的立场上思考问题。思考如果是自己在相同的情况下会如何行动，这样能够更好地理解他人的行为动机。最后，培养自我觉察能力。要意识到自己会有偏见和先入为主的观念，并尝试克服它们。多问问自己是否在还未深入了解一个人时就已经对他产生了过高或过低的评价，通过自我觉察，可以更好地站在他人的角度上思考问题，减少归因错误的发生。

锦囊三：锻炼批判思维，独立思考事物

批判性思维能力能够帮助我们分析问题、评估信息和独立思考，从而减少归因错误的发生。提高独立思考的能力，不要盲目接受他人的观点或信息。在接受任何信息之前，要学会质疑和验证信息的来源和可靠性。避免盲目接受不真实或不可靠的信息。学会分析问题，探究事物的本质和背后的原因，而不是轻易相信表面现象。

四 生活练兵场

小邓是一名程序员，一天下班后他拖着疲惫的身体回到家，期待着妻子做的美味晚餐，希望能抚慰自己一天的劳累。当他尝了一口妻子做的菜时，却发现饭菜淡而无味。小邓皱起了眉头，觉得这是妻子粗心大意的结果。他有些生气，于是大声指责：“你怎么连盐都忘了放？这饭怎么吃？”妻子显然被他的语气吓了一跳，委屈地说：“盐用完了，时间太晚了，商店也关门了。”小邓听了妻子的解释，心中的火气也消散了。他意识到自己太冲动了，没有了解清楚情况就发火。于是他平复了一下情绪，向妻子道歉：“对不起，我刚才太激动。你做饭已经很辛苦了，我还没搞清楚原因就胡乱指责。”妻子听后也表示理解，她拉过小邓的手，温柔地说：“我知道你工作很累，烦躁一点也很正常。”小邓听了妻子的话，心中暖洋洋的，心想以后一定不能再这样对待妻子了。

小邓为什么没弄清楚情况就指责妻子？我们可以从案例中学到什么？

答案：小邓之所以第一时间就觉得妻子是粗心大意，是犯了基本归因错误。小邓白天在外工作，因此对家中妻子的情况了解较少。此时，他可能会依赖已有的经验和偏见来做出快速判断，从而忽略更全面、客观地分析问题的重要性。这就导致小邓对妻子的误解。对此，我们可以采取三个锦囊的建议来避免。

第五节　别把自己当成舞台中心

一　心理大剧场

“自作多情”的小章

小章是一个有着高超技术能力的软件工程师。他一直认为自己在公司中扮演着重要的角色，总认为同事都在关注自己的表现。他每天都在努力工作，希望通过自己的表现赢得他人的认可。

后来，小章渐渐发现事情并非如此。尽管他在技术上表现出色，但与同事的交流却不顺畅。他努力在团队中表现自己，却始终难以融入其中。

一天，公司举行一个重要的项目会议。小章特意提前准备了一份详细的报告，希望能够得到上级的赞誉和同事的肯定。会议上的反应却让他大失所望。当他的报告结束时，会议室中并没有预期的掌声和赞叹声，反而是一片沉默。

会后，小章试图从同事的交谈中捕捉到一些关于自己报告的评价，令他失望的是，并没有人提起他的报告。他开始怀疑自己的能力和价值，不明白为什么自己的努力没有得到他人的认可。

小章开始疏远同事，变得更加孤独。他开始怀疑自己是否真的适合这份工作，是否能够在这个竞争激烈的行业中立足。

有一天，一位同事的话让小章重新审视了自己的心态。这位同事在闲聊中说：“其实我们都在专注于自己的工作，很少有人会过分关注其他人的表现。”这番话让小章意识到，他一直以为自己在聚光灯下，但那其实只是自己的臆想。

二 慧眼识问题

小章在工作初期，常认为自己很重要，会受到很多人的关注，很多人都在看着自己的表现，所以小章尽力展示自己，最终收获的却是失望。其实我们很多人，都或多或少以为自己活在充满聚光灯的舞台上，这就是聚光灯效应。

聚光灯效应也被称为焦点效应。它是由康奈尔大学心理学教授汤姆·季洛维奇和美国心理学家肯尼斯·萨维斯基提出的心理学概念。聚光灯效应是指人们常常不自觉地高估自己在他人眼中的重要性和受关注程度。具体表现为，当一个人在出丑或犯错时，会认为其他人会注意到并长时间记住这些情况。实际情况是，其他人只是短暂地注意到这些情况，然后很快就忘记了。例如，一个人在演讲时紧张得忘词了，他会觉得所有人都注意到自己的失误，认为自己的演讲是失败的。但实际上，听众可能只是短暂地注意了一下甚至都没有觉察到，就继续听他的演讲了。

这个效应产生的原因是人们过于关注自己的表现和形象，以至于认为别人也会像自己一样关注自己。实际上，人们并不会是自己想象的那样。因此，聚光灯效应是一种自我认知的偏差，会导致人们过于在意自己的表现和形象，会对自己的情绪和行为产生负面影响，比如会在公众场合感到紧张、焦虑。这种心理状态会限制我们的表现和发挥，影响我们的生活和工作。

三 职场小锦囊

那究竟该如何克服聚光灯效应的消极影响，让我们能够自信地展示自己，做到职场不焦虑呢？这里为大家提供四个小锦囊。

锦囊一：建立自我认知，明辨个人价值

首先，要克服聚光灯效应的消极影响，我们需要建立正确的自我认知。通过深入了解自己的价值观、优缺点以及职业目标，我们可以更好地评估自己的实际能力和潜在价值。在这个过程中，我们可以反思自己的工作表现、与同事的互动方式以及在面对挑战时的反应。通过客观地看待自己的优点和不足，我们可以减少对他人评价的过度依赖，从而更加自信地面对职场中的挑战。

锦囊二：设定明确目标，铸造自信基石

目标不仅可以帮助我们聚焦工作重点，还可以让我们在达成目标的过程中建立自信心和成就感。要克服完美主义倾向，如果我们只盯着自己的小瑕疵，就难免觉得别人也在紧盯着自己。为了避免受到聚光灯效应的干扰，我们应该将注意力集中到自己的目标和计划上，而不是过多地关注他人的评价。通过设定明确、可衡量的目标，我们能够更好地评估自己的进展，并及时调整自己的行动计划。

锦囊三：培养职场心态，平衡自我情绪

我们要学会保持平常客观的心态，不过度放大自己的作用和责任。在面对成功和失败时，都要保持冷静和理性，正确评估自己的表现和他人的评价。同时，要学会欣赏他人的成就，并从中汲取正能量和灵感。在职场中遇到挑战和压力时，可以通过深呼吸、放松训练、运动等方式调节自己的情绪，保持平衡的心态。

锦囊四：营造支持氛围，培养主人意识

虽然我们并不都处在舞台的中心，但每个人都希望有属于自己的主人翁时刻。一个相互鼓励、支持的组织氛围可以培养每位员工的主人翁意识，有助于减轻聚光灯效应的消极影响。在这样的环境中，员工之间会互相鼓励、支持和尊重，共同为组织的目标努力。可以建立开放的沟

通渠道，鼓励员工之间的交流和互动，让他们能够自由地分享想法、意见和经验。通过开放的沟通，可以增进彼此的了解和信任，减少对个人表现的过度关注；定期组织团队建设活动，增强团队凝聚力；设立奖励机制，表彰员工的优秀表现和贡献；提供培训和发展机会，帮助员工提升能力和实现职业目标。

四 生活练兵场

小许是一名新的销售员，每次参加社交活动时都会感到紧张和不安。他担心自己会说错话或做出不得体的举动，从而成为众人关注的焦点。不久，小许被邀请参加一个业界交流会。他知道会有很多人出席，于是就开始担心自己会说错话被人嘲笑。在交流会上，小许发现自己的担心是多余的。因为大家都在忙自己的事情，并没有太多关注他。他开始放松下来，与同事们交流心得。小许的自信和放松得到其他人的赞赏。他发现，当他不害怕展现自己时，他能够更好地与他人交流和建立联系。他主动与一些陌生人交谈，最后认识了许多志趣相投的新朋友。

小许为何因担心在社交活动中出错而紧张？他是如何缓解紧张的？

答案：小许之所以会在社交活动中感到紧张不安，是担心自己会犯错误，而引起众人的关注和嘲笑，这种不自觉地高估自己在他人眼中的重要性和受关注程度的现象便是聚光灯效应。实际上，哪怕小许的表现不尽如人意，也不会引起太多人关注或者只是很短暂的注意。在明白了这点后，小许能够更加自信放松地展现自己，建立良好的社交关系。这正是锦囊三的建议：培养职场心态，平衡自我情绪。此外，我们也可以采取其他三个锦囊的建议。

第六节　以请求帮助来获取好感

一　心理大剧场

内向的小夏如何逆袭?

小夏在一家知名的广告公司中担任设计师。她富有创意，技术娴熟，但她内向的性格使她与其他团队成员关系冷淡。

后来公司接到一个重要的项目，客户要求设计一个有创意且具有影响力的广告。公司领导决定让小夏负责这个项目，并让她组建一个团队来完成。

小夏很清楚这个机会的重要性，但她也知道团队合作能力是自己的短板，她不知道如何与客户建立良好的合作关系。

于是，小夏决定采取一种不同的策略。她主动找到团队成员，向他们请教关于广告设计的意见和建议，虚心听取他们的想法，并给予积极的反馈和肯定。她甚至主动帮助团队成员解决一些技术上的难题。

团队成员都很乐意与小夏交流，他们为小夏的改变感到高兴，更加积极地参与项目。他们也为小夏提供了更多的创意，帮助整个团队更好地协作。

最终，这个广告设计大获成功，得到了客户的高度赞扬。公司领导对小夏的出色表现给予肯定和奖励。更重要的是，在合作交流的过程中，小夏与团队成员之间的关系得到极大的改善，她开始真正地融入团队，与同事建立了深厚的友谊。

二 慧眼识问题

小夏以请教知识为起点，成功与团队成员建立起良好关系，最终圆满完成工作。这是一种实用的社交技巧，在职场中也可以十分有效地帮助我们与他人建立关系，这就是富兰克林效应。

富兰克林效应是指通过向他人请求帮助，以增加对方对自己的好感和友善程度。这个效应的提出者——本杰明·富兰克林，在他的职业生涯中充分运用了这一效应。他通过向不同的人请求帮助，与他们建立了深厚的友谊和联系。这些关系对于他在政治、商业和科学领域起到关键的作用。富兰克林效应的基础在于人类内心深处渴望被认可和尊重的需求。当我们向某人提出请求时，实际上是在暗示对方具有一定的能力和价值，因为只有具备一定能力和价值的人才能为我们提供帮助或恩惠。这种认可和尊重往往会引起对方的自豪感和满足感，使他们更容易对我们产生好感。

三 职场小锦囊

那究竟该如何正确利用富兰克林效应，让我们在职场中与不熟悉的人建立良好的人际关系，做到职场不焦虑呢？这里为大家提供三个小锦囊。

锦囊一：应用铺垫策略，深化职场关系

在商业和营销领域中富兰克林效应也被广泛应用。例如，可以通过提供试用样品或试用服务来吸引顾客并请顾客针对试用体验提出建议和反馈。

通过这种方式，不仅让顾客充分了解自己的产品，也在交流的过程中拉近了与顾客的距离，使顾客对品牌产生好感，进而成为忠实的用户。在职场中，也可以利用富兰克林效应增强与同事、领导的联系。例如与同事轮流拿外卖，不方便时请同事帮忙打印文件，主动向领导汇报工作并请求指导等，通过这些小事，我们可以在与同事、领导的不断交流中建立起牢固的关系。

锦囊二：发掘他人之长，共筑互助桥梁

请求帮助也是一种建立互信和互助关系的方式。当我们向别人寻求帮助时，我们给予他们展现自己能力和价值的机会，这有助于增强彼此之间的亲近感和友好关系。一旦建立这样的关系，双方就更容易在未来的交往中互相支持和帮助，形成一种良性的互动循环。需要注意的是，我们要关注并欣赏他人的优点和长处，在对方擅长的领域虚心请求帮助。相反，如果在对方不熟悉的领域请教，则容易造成尴尬的局面。

锦囊三：建立真诚桥梁，营造和谐人际关系

需要注意的是富兰克林效应并不是一种操纵手段，我们也应该意识到这个效应并不是要求别人给予恩惠或帮助的借口，而是一种建立在互相尊重和理解基础上的互动方式。在使用这一效应时，我们需要真诚地请求帮助或恩惠，同时也要关心和尊重对方的感受和利益，在得到帮助后，应该真诚地向对方表达感激之情。通过表达感激，我们可以进一步巩固与对方的关系，让对方感受到我们的真诚和友善。我们可以通过口头表达、书面感谢或者送上一份小礼物等方式来表达感激之情。

四 生活练兵场

本杰明·富兰克林在宾夕法尼亚州时，遇到一位完全反对他的议员。为了争取这位议员的支持，富兰克林没有选择一味地示好，而是采取了一种独特的方式。他听说这位议员收藏了一本当今市场上难得一见的书，于是写信请求借阅此书，并承诺一周后归还。这位议员很痛快地答应了富兰克林的请求，富兰克林也如期归还了书并附上感谢的纸条。在下一次国会会议中，这位议员主动找富兰克林谈话，态度比以前友好很多，还在很多事情上表达出对富兰克林的认同。从此，他们成为好朋友。

富兰克林是如何取得议员的支持？这对我们建立人际关系有何帮助？

答案：富兰克林为取得那位反对他的议员的支持，并没有选择直接示好，而是利用一个共同的兴趣点——图书收藏，来打破彼此之间的隔阂。并以借书的请求为起点使二者产生联系，议员在向富兰克林展示藏书的过程中获得成就感和自豪感，也感受到富兰克林的真诚和尊重，最终二人成功建立起友好的关系。通过这种帮助来获得好感、建立关系的方法就是富兰克林效应。这正运用了三个锦囊的建议。

第二编

从“优秀”到“卓越”的组织管理策略

第四章

优秀领导的黄金法则

第一节　权威更有说服力

一　心理大剧场

还是专家说的管用

小于是一名很有能力的市场部经理，最近她注意到部门内部对于新产品的推广方案存在分歧，导致工作进度缓慢。她觉得自己的方案更符合公司的发展需求。在会议上，当她将自己的想法表达出来时，其他的经理打断她，提出不同的观点和质疑。小于知道他们是不相信一个年轻经理的推广方案会超越他们多年的经验和专业知识。尽管小于尽力阐述自己的想法，但大家都心存疑虑，没有人愿意完全相信她的方案。

小于知道自己的方案与一位行业专家张老师的理念非常相似。她决定请张老师进行一次内部培训，帮助大家统一思想。她向领导提出了这个建议，并得到批准。张老师同意来公司进行培训，并针对市场部员工的不同岗位和职责，量身定制了一套培训课程。培训当天，张老师结合丰富的案例和实践经验，深入浅出地讲解市场推广策略和方法。他强调了统一思想和团队协作的重要性，并针对员工的疑惑和问题给予耐心细致的解答。经过这次培训，市场部员工和负责人深受启发，对小于的推广方案也有了更清晰的认识。原本的分歧和疑惑逐渐消失，大家开始齐心协力地推进工作。

二　慧眼识问题

小于和专家张老师的理念虽然相似，但公司的同事却有着截然不同的态度，权威人物通常具有较高的社会地位和广泛的影响力，他们的言行举止往往能够引起社会的广泛关注和认同。另外，权威人物通常在某个领域拥有丰富的专业知识和实践经验，他们的观点和见解往往被认为是正确的，且具有指导意义。人们通常会对权威人物产生信任和认同感，认为他们具有高尚的品德和良好的信誉，其言行举止也更容易被接受和认可。这就是权威效应。

权威效应是指一个人因地位高、威信足、受人敬重，其言行举止更容易引起他人的重视和信任，并会影响他人的态度和行为。这种现象可以形象地解释为“人微言轻，人贵言重”。合理利用权威效应，可以有效提高自己在职场中的说服力。

一个著名的实验是美国心理学家所做的权威效应实验。在这个实验中，心理学家在课堂上向大学生介绍了一位德语教师扮演的“化学家”，并告诉学生这位“化学家”发现了一种新的化学物质，具有强烈的气味，但对人体无害。然后，这位“化学家”打开了一个装有蒸馏水的瓶子，让学生去闻。过了一会儿，他要求闻到气味的同学举手，不少同学举了手。而事实上，这个瓶子里装的只是蒸馏水，没有任何气味。但是，由于这位“化学家”是所谓的权威，学生受到他的语言暗示，产生了盲从的现象。

三 职场小锦囊

那究竟该如何应用权威效应，使我们在工作和生活中更加令人信服，避免自己的建议被人忽视，做到职场不焦虑呢？这里为大家提供三个小锦囊。

锦囊一：塑造权威形象，树立专业标杆

无论是领导还是员工，权威地位都可以提高自己话语的影响力和可信度，为我们的工作提供便利。在职场中，我们的专业知识和经验是我们的权威基础。通过不断学习和实践，提升自己的专业素养，就可以在团队中树立起专业权威的形象。当我们的同事或下属在遇到专业问题时，他们自然会寻求我们的帮助和建议。此外，还可以通过分享专业知识、发布行业洞察等方式，展现自己的专业实力，进一步巩固权威地位。

锦囊二：借助权威符号，彰显实力地位

权威符号是指能够代表权威地位的标识或象征，如职称、学历、证书、荣誉等。在职场中，这些符号可以帮助我们快速建立权威形象。例如，拥有高级职称或高学历的人往往更容易获得他人的认可和信任。因此，我们可以通过考取相关证书、参与行业竞赛、争取晋升等方式，获取更多的权威符号，提升自己的权威地位。

锦囊三：慎用权威效应，保持独立思考

在应用权威效应提高自己影响力的同时，我们也要反思自己是否也有盲目跟从权威的情况，需要认识到权威并非万能，每个人都有自己的判断和选择能力，应该以客观、理性和全面的态度来看待问题。同时，过度依赖权威或滥用权威资源可能会导致他人的反感和抵触。因此，在应用权威效应时，也需要注重平衡和尊重他人的意见和感受。

四　生活练兵场

小贺是一位新上任的项目经理，正面临着巨大的挑战。他接手的是一个业绩平平的团队，员工对他的领导能力和经验持保留态度，因此在工作配合上显得不够积极。

小贺知道要让员工们心甘情愿地跟随自己，首先要建立起自己的权威地位。然而，他并不想通过强硬的手段来压制员工，而是希望通过展示自己的实力和成就来赢得他们的尊重。他在办公室的柜子上摆放起了一排排奖杯和证书，这些都是他过往在职业生涯中获得的荣誉，每一座奖杯、每一张证书都代表着他的辛勤付出和卓越成就。同时，他还在墙上张贴了一

些奖状和荣誉证书的照片。

不久，员工们注意到这些奖杯和证书。他们惊讶于小贺的辉煌成就，也重新审视他的实力和能力。他们发现，小贺不仅拥有丰富的经验和专业知识，更有着对工作的热情和执着。他们开始更加积极配合小贺的工作安排。在小贺的领导下，团队的工作效率得到了显著提升，项目进展也更加顺利。

小贺是如何让员工更加信服自己的？我们能从中学到什么？

答案：新上任的经理小贺面对员工信服度不高的情况，通过展示证书、奖杯、奖状等荣誉，在员工心目中建立起了权威形象，利用权威效应使员工对自己更加信服，更配合自己的工作安排。这正是锦囊二的建议：借助权威符号，彰显实力地位。此外，我们还可以采取其他两个锦囊的建议。

第二节　奖励与内在动机的协调之道

一　心理大剧场

反其道而行之

一群小孩每天中午总是在一位老人门前嬉笑打闹，吵得老人无法入睡。这样的生活持续了几天后，老人实在难以忍受。于是，他打开房门，对孩子们说：“你们让我的门前变得热闹起来，让我感觉回到了年轻的时候，你们玩得越热闹，我越开心。”老人给了每个孩子2元钱作为奖励。孩子们非常高兴，第二天他们又来到老人的门口，一如既往地玩耍。老人听到声音后，再次走出房门，给了每个孩子1元。他解释说，因为自己没有收入，只能少给一些。虽然比第一天少了一些，但是1元钱也足够让孩子们买点糖果。第三天，孩子们依旧到老人的门口玩耍，这次，老人只给了每个孩

子5毛钱。孩子们非常生气，喊道："才给我们5毛钱，知不知道我们有多辛苦！"于是他们向老人说，再也不会来这里玩了。于是，老人的门前恢复了往日的宁静。

二 慧眼识问题

在上述案例中，老人为了让孩子们不在门前打闹，最开始用2元钱奖励孩子，后来逐渐变成1元钱、5毛钱。在老人一次次使用金钱奖励孩子的情况下，孩子的嬉笑打闹逐渐具有了外在目的，那就是获得零用钱，反而对玩耍这件事情失去了最初的兴趣，一旦老人不给孩子零钱，孩子便会因为得不到奖励而放弃玩耍，这就是德西效应。

德西效应是指适度的奖励有助于巩固个体内在动机，但过多的奖励却会降低个体对事情本身的兴趣，降低其内在动机。德西效应是由心理学家爱德华·德西提出来的。1971年，德西招募了一批大学生进行了一次解题实验。

实验总共分三个阶段：

第一阶段，所有的参与者在解出题目后都没有奖励；

第二阶段，实验人员将参与者随机分为"实验组"与"控制组"两组，实验组的参与者完成一个难题后，获得1美元的报酬，控制组的参与者仍然没有任何报酬；

第三阶段为休息时间，参与者可以在原地自由活动，主试观察在这段时间里他们是否会继续去解题。结果发现，控制组（无奖励组）的参与者有很多人在该阶段仍然选择继续解题，而实验组（被奖励组）的参与者虽然在第二阶段会努力解题，但是在第三阶段，即没有奖励的时间里，几乎没人主动去解题。

德西效应由此而来，也就是说，当人们有内在动机去做某件事的时候，增加外在报酬不但不会增强其动机，反而会消减该事件对他们的吸引力，降低其内在动机。在职场中，虽然外在激励会大大提高员工工作的外部动机，在短时间内能够提高工作绩效，但同时，员工工作的内在动机也会被削弱，因此当外在报酬无法满足员工对物质奖励的需求时，反而不会提高员工的绩效，甚至会引发员工的不满情绪。

三 职场小锦囊

管理者该如何灵活运用德西效应，激发员工对待工作的内在动机，使员工完成任务时能够乐在其中，专注于自我发展和成长，从而增强他们的自信心，帮助员工更好地应对工作中的压力和不确定性，远离职场焦虑问题呢？以下四个锦囊可以为其解惑。

锦囊一：明确内在动机，体验工作成就

内在动机指的是个体为满足自我实现的需求，体验成就感要和个人兴趣，而非外部奖励或惩罚所驱动的行为。例如，管理者可以通过制订明确的短期和长期目标、让员工参与决策、提供难度略微高于员工能力的工作机会、任务结束后及时提供反馈和指导以及实施弹性工作制等方式激发员工对工作的兴趣，使员工获得心理上的满足，体会到工作带来的成就感。

锦囊二：给予适度奖励，激励优异表现

持续的外在奖励永远无法满足个体不断增长的欲望，当奖励无法进行下去时，员工就非常容易懈怠。因此管理者在激励团队时，切忌滥用外在奖励，可以在重大项目结束时、年终总结等时间节点，给予员工适当的物质奖励，以免激励太过频繁导致员工内在工作动机的削弱。

锦囊三：构建公平奖惩，激发员工活力

公平的奖惩制度可以激发员工的积极性，提高工作效率。出台一套科学的、大多数人认可的制度，并公之于众，在实施奖励和惩罚的过程中严格按制度执行。当员工感知到组织是公平公正的，他们的自尊心和对组织的信任感就会增强，焦虑水平也会有所降低，从而使员工在工作中全力以赴。

锦囊四：融合关怀激励，满足员工需求

关怀激励法即“爱的经济学”，指的是管理者尊重员工的想法，提供必要的帮助和指导，为他们的工作创造有利条件。麦当劳创始人雷·克罗克说：“员工是公司最重要的资产。如果你关心他们，他们就会关心客户。”例如，通过定期的个人会谈、员工反馈机制深入了解员工的个人和职业需要，满足员工合理需求，使员工感受到自己受重视，增加其工作动力。

四 生活练兵场

为了激励员工，鼓励个人和团队进步，研发部门主管宣布了一项制度：在月末结算时，只要部门员工的个人绩效排在全公司前十名，就奖励五百元，排在前五名就奖励一千元。

刚开始，每个员工都非常积极地分析产品需求、制订研发计划、组织开发新产品，研发部门的总体绩效也不断上升。可时间一长，主管发现员工的积极性大不如以往，员工的积极性大大下降。

为什么曾经那么受欢迎的激励制度失去了吸引力？主管应该怎么做才能长久激励员工？

答案：此现象的出现是由于德西效应的影响：在激励制度实行之后，员工开始将重心放在了追求排名和物质奖励上，反而降低了对工作本身的热情和投入。时间一长，物质的奖励渐渐无法有效激励员工，因此激励制度逐渐失效。

主管可以通过调整奖励机制、激发员工的内在动机来促进团队的全面发展，如让员工参与决策、提供职业发展路径规划等。另外，还可以根据员工的个人情况，提供针对性的培训和指导，从而帮助员工在工作中取得更好的成绩。对于遇到困难的员工要及时给予关心，协助他们解决问题，减轻工作压力。

第三节　扬己所长，容人之短

一　心理大剧场

用我所长，避我所短

马克·吐温是大家熟知的小说家。可他的成功之路并非一帆风顺。1835年，马克·吐温出生于美国密苏里州佛罗里达的一个乡村家庭，在家中排行第六。他的父亲是当地的律师，收入微薄，因此马克·吐温上学时就四处打工赚钱。11岁那年，父亲去世，马克·吐温开始了独立的劳动生活。他在印刷厂当过学徒，也当过送报员和排字工，后来又在密西西比河上当水手和舵手。马克·吐温在商业上经历了几次失败，他曾尝试过经营木材与矿业，自己编辑发行《快报》，投资制造自动排字机，均以失败告终，甚至欠下债务。

经过几次在商业上的打击，马克·吐温终于认识到自己毫无商业才能，就断掉了经商的念头。此后，他开始凭借自己风趣幽默的语言、深刻的思想以及独特的文风，发表演讲，撰写文章，不仅在全国巡回演说中取

得了成功，还创作出很多脍炙人口的文学作品。

二 慧眼识问题

在上述案例中，马克·吐温擅长演说和写作，而不擅长经商。在明白这一点后，他放弃商业，开始进行全国巡回演说，并写出很多脍炙人口的文学作品，最终成为美国著名的演说家、作家，这就是反木桶效应。

反木桶效应是指木桶最长的一根木板决定了其特色与优势，在一个小范围内成为制高点；对组织而言，凭借其鲜明的特色，就能跳出大集团的游戏规则，独树一帜建立自己的王国。例如，著名物理学家杨振宁在35岁时就获得诺贝尔物理学奖，就是这样一位巨匠在物理学领域也遭受过挫折。杨振宁刚到美国留学时想要研究的方向是应用物理。他虽然拥有极其扎实的理论知识，但动手能力很差，在实验室屡屡受挫，甚至有人戏称：“杨振宁在哪里，哪里就有爆炸。”后来，在老师和同学的建议下，杨振宁开始研究理论物理，并在这一领域取得突出的成就，获得诺贝尔物理学奖。

与木桶原理多方位全面发展的战略不同，反木桶效应是一种强调突显个体或企业的特殊优势，通过打破传统思维定式，找准自己的特色优势，开辟出个体和组织发展的新天地。

三 职场小锦囊

在激烈的市场竞争背景下，组织该如何灵活运用反木桶效应，让企业获得竞争优势、脱颖而出，并且使每个员工都能在团队中发挥长处、人尽其才，做到职场不焦虑呢？在此给出三个小锦囊。

锦囊一：深挖企业优势，增强竞争实力

把企业视为木桶，其最长的木板便是核心竞争力。深入了解市场趋势、竞争对手和客户需求，通过数据分析和市场调研，了解行业的机会和威胁，运用创新思维寻找领域的突破口，找准企业特色，即为企业的核心竞争力。

锦囊二：精准匹配人才，人岗相得益彰

在选拔和任用人时，坚持“量才录用”原则。管理者可以通过职业测评以及定期一对一沟通，建立更深层次的“领导—成员”交换关系，深入了解员工的个性、价值观、工作风格和职业目标，听取员工的想法和需求，将其能力与兴趣合理地匹配到适合的工作岗位上，实现人岗匹配。

锦囊三：践行扬长补短，激发员工潜能

在深入了解员工的优势和劣势后，为员工制订个性化的发展计划，扬长避短。作为管理者，需要理解并接受员工的个体差异，包容员工的不足之处，甚至是通过提供反馈和指导，帮助员工“化短为长”，切忌“以人之小恶，亡人之大美”。通过创造一个鼓励员工发挥潜力的工作环境，员工的心理安全感会不断提高，才能在团队中更好地发挥才能。

四 生活练兵场

小张是某电子商务公司的销售代表，她以卓越的销售技巧和不懈的努力而受领导重视。作为销售代表，她拥有独特而高效的销售技巧，能够在激烈的市场竞争中脱颖而出。她善于与客户建立深厚的感情，细致入微地了解客户需求，精准地推荐产品，与多个大公司建立合作关系。

近期，公司正筹划开发跨境电子商务业务，准备让小张负责完成销售工作。这对于小张来说是个好机会，但小张内心也有些焦虑，因为她虽然具备出色的销售能力，但英语表达能力相对较弱，在面对国际市场时会存在一定的沟通障碍。在反复思考了几天后，小张决定寻求主管的帮助。

小张找到主管，犹豫了一会儿说：“主管，谢谢您信任我，让我参与这么大的项目，但我担心自己的英语口语水平不达标，在与国外客户进行业务洽谈时出现问题。”在听了小张的顾虑后，主管坚定地说：“小张，你的销售能力大家有目共睹，并且也很有责任心，关于你刚才提到的语言交流问题，公司可以给你配备一个团队，找其他有较强口语能力的同事提供协助，不需要过多担心。”听到主管这么说，小张终于松了一口气。

在团队的帮助下，小张对国际业务越来越自信，凭借丰富的销售经验接连谈下好几笔大单，与跨境客户建立了紧密的合作关系。与此同时，小张在国内市场仍然表现出色，于是公司决定在国内市场加大投入，同时将小张作为本土销售专家，充分发挥她的优势，减轻她在国际市场的压力。

领导为什么大力支持小张的工作？又是如何帮助小张取长补短的？

答案：领导看到小张在销售领域的优势，认为她的能力是公司拓展业务的重要保障。因此，领导决定利用她的优势，支持她参与跨境电子商务业务，以进一步提升公司的竞争力，这正是反木桶效应。与传统的木桶效应不同，反木桶效应强调的是木桶的“长板”，即在一个团队或个体中，其优势或长处往往能决定其整体的竞争力。

虽然小张的英语交流能力是她的“短板”，但在小张的“长板”足够长的情况下，公司就不会忽视这个优势，而是组建专业团队，为她提供协助和支持。这种方式有效地帮助小张扬长避短，让她能够更好地与国外客户进行沟通。随着公司业务的不断拓展，领导决定加大在国内市场的投入，并将小张作为本土销售专家，充分发挥她的优势，实现了人岗匹配。这种做法既减轻了小张在国际市场的压力，又让她能够在自己擅长的领域继续发挥优势。

第四节　人际距离中的微妙平衡

一　心理大剧场

如何做到与下属“亲密有间”？

李主管是一位兢兢业业的领导，并且对员工关怀备至。在刚开始与李主管共事的一段时间里，下属们非常喜欢这位领导，但时间一长，李主管对下属的管理方式让整个团队的氛围陷入低谷。

李主管对下属管得太紧，事事亲临指导，处处制约员工。例如，他会要求员工按照他制订的详细计划执行任务，甚至连最基本的决策权也不愿下放给员工。除此之外，他还实施严格的工作时间制度，要求员工按照既定的时间表完成任务。他对员工工作的过分介入导致整个团队的工作积极性降低，士气低沉。员工们感到被束缚，缺乏发挥个人创意和能力的空间，从而产生焦虑情绪。长此以往，李主管也感受到员工的热情和效率都在逐渐减退。

经过反思，李主管意识到这种“保姆式”管理方式并不利于团队的长远发展，于是他决心进行改变。他清楚地意识到，要激发员工的潜能，就必须给予他们一定的决策权。于是，他开始尝试给予员工更多的空间，鼓励员工提出新的想法，参与项目决策，甚至是在一些创新性的项目上自由发挥特长。

随后，员工的工作不再是机械地执行，而是充满了创造性和热情，对工作的投入感也逐渐提升。李主管带领的整个团队也开始展现出更多的活力。

二 慧眼识问题

在上述案例中，李主管最初的“保姆式”管理方式在为员工提供关怀的同时，也导致了对员工的过度干预，使得员工感到行为受限，士气低迷。李主管及时调整管理策略，给予员工更多自主权，营造出更活跃的团队氛围。因此，领导者需要根据不同的情境和个体特征，灵活地调整自己与员工之间的亲近度，以建立健康、积极的工作关系，这就是刺猬效应。

刺猬效应是指两只刺猬在寒冬中相互依偎取暖时，刚开始会因距离太近而相互刺伤，但也会因距离太远而达不到取暖效果，最后调到适当位置实现了既能相互取暖，又不会被对方刺伤的现象。刺猬效应被广泛运用于管理过程中，它警示人们在工作中既要搞好人际关系，又要把握好度，保持一定的距离，适当的距离给人以舒适感，从而产生积极的交往意向。刺猬效应的背后阐述了人际交往中的心理距离问题，它是指个体对另一个个体或群体亲近、接纳的主观感受程度，表现为在感情、态度和行为上的疏密程度。疏者心理距离远，密者心理距离近。

心理学家爱德华·霍尔曾进行了一项有趣的实验。实验场景设定在一个刚刚开门的宽敞阅览室，当这个空间里只有一位读者时，心理学家便进去坐在这位读者的旁边。这一实验重复进行了几十次，结果没有一个人愿意容忍一个陌生人坐得离自己太近，甚至有人直接表示：“你想干什么？”

爱德华·霍尔提出了人与人之间的四种以心理距离为基础的人际交往距离：

1. 公众距离是公开演说时演说者与听众所保持的距离，在 3.6 米以上。

2. 社交距离是在工作环境中和社交聚会上的距离，范围为 1.2 至 3.6 米。

3. 个人距离是人际交往中稍有分寸感的距离，范围为 0.45 米到 1.2 米。

4. 亲密距离是人际交往中最近的距离，通常是亲人、好友，在 0.45 米以内。

当然，心理距离也并非如此绝对，也会因性别、年龄、文化背景等的差异而有所不同。

三　职场小锦囊

管理者该如何在工作中利用刺猬效应，在明确个人边界的基础上，让下属也能感受到被尊重，并保持和谐融洽的团队关系呢？要达到这一目标，管理者应该注重以下几点，以实现职场不焦虑的工作氛围。

锦囊一：明确个人职责，划清职务边界

首先，领导需要全面理解组织的核心价值观和战略方向，确保自己的工作与组织的整体目标保持一致。其次，清晰地界定自己的职责范围，了解自己所负责的具体工作、任务和目标，并与团队成员建立良好的沟通机制，例如定期与团队成员交流，分享工作进展、解决问题，并听取他们的意见和建议，了解团队成员的需求和期望，从而更准确地界定自己的职责和边界。

锦囊二：界定人际距离，切忌过分亲密

人与人之间“远观有韵，近观无姿”，与他人过分接近会导致矛盾的产生，同样不利于个人和团队发展。因此，领导者需保持与下属的沟通在工作范围内，避免涉及过多的私人话题。过度亲密的关系会导致下属产生依赖心理，影响工作的独立性和客观性。同时，作为领导，要保持专业、严谨的形象，避免在下属面前展现过于随意或脆弱的一面，维护领导的权威性。

锦囊三：强调团队力量，注重团队合作

冷漠的同事关系阻碍信息流动，不利于合作和沟通的开展，降低工作效率。人心齐，泰山移，团队的力量远大于一个人的力量，因此管理者要重视团队合作的重要性。例如，项目经理在跨部门合作的项目中可以主动与其他部门的同事进行沟通，了解他们的工作习惯和专长；在项目执行过程中，定期召开会议，邀请各部门同事共同讨论进度；当某个部门的同事遇到困难时，应主动提供帮助。

四 生活练兵场

通用电气公司的前总裁斯通是一位杰出的领导者。他懂得在工作场合中给予员工们足够的信任和尊重，同时提供良好的福利和职业发展机会，使得员工们感受到自身价值和发展空间。

与这份关爱相辅相成的是斯通在业余时间会和员工保持适度的距离。他坚持不随意接受下属的邀约，也不到员工家中做客。这项原则既确保领导者与员工在工作关系中不显得过于亲近，同时也为员工提供了自由与私人空间。这种管理智慧不仅帮助他成功地塑造起团队文化，同时也确保了职场中良好的人际关系。在斯通的带领下，公司树立了共同的理念和愿景，所有员工都愿为公司的长远目标而努力。

斯通为什么要在业余时间和员工保持适度的距离？我们能从斯通身上学到什么？

答案：正如刺猬效应所强调的，保持适度距离有助于确保领导者与员工在工作关系中的专业性，避免因为私人关系影响到工作的决策和执行；其次，适度距离为员工提供了自由和私人空间，领导不过度干涉员工的私人生活，能够让员工感受到被尊重和理解，从而增强员工对公司的忠诚度和归属感。

第五节　三个和尚没水吃

一　心理大剧场

难合作，合作难

W公司决定启动一个新项目，选出三位有能力的员工组成项目组，分别是小王、小张和小李。每人都承担特定的任务和责任，以确保项目按计划推进。

在项目启动初期，小王以手上还有其他紧急工作为借口，完成任务的态度很敷衍，不在新项目上投入充足的时间，只是完成表面上的工作。因此，小王的工作缺乏深度和创新。随着项目的进行，小张也遇到一些问题，为了维护自己的形象，她选择将责任推给其他成员。她在会议上强调项目的问题主要是因为小李未能提供足够的支持和信息，却不谈自己在项目中未尽到的责任。

项目陷入了一种僵局。每个人都在互相指责，导致项目中断，合作变得愈发困难……

二 慧眼识问题

在上述案例中，项目组虽然有三位成员，但却出现了“1+1+1<3”的现象，每个成员都在挑剔别人的问题，使整个团队陷入僵局。类似于“三个和尚”的故事中每个和尚都在等其他和尚取水，而忘记了自己也是团队中的一员，也要承担起“挑水”的职责。这种情况下，团队无法有效合作，项目进展受阻，最终导致整个项目的失败，就像“三个和尚没水喝”一样，这就是社会惰化。

社会惰化反映出一个团队中“1+1<2”的现象，团队成员人数的叠加并不一定会推动结果的提高，即当群体一起完成一件工作时，群体中的成员每人所付出的努力会比个体在单独情况下完成任务时偏少。

20世纪30年代，瑞格曼做过一项拔河实验，对不同人数规模的群体在拔河时的力量进行比较，结果表明，参加拔河的人数越多，每个人出的力就越小。当1个人拽绳子时会施加63牛顿的力量，当3个人拽绳子时，平均每个人所施加的力量会降到53.5牛顿，而当拽绳子的人数增加到8个人时，平均每个人的力量会降到31牛顿，比1个人单独拽绳子时付出努力的一半还要少。

社会惰化是群体中常见的现象，主要原因有两个：个体认识到自己的行为不会被单独评价，个人努力淹没在人群中，这导致其对自己行为的责任感降低，行为动力相应减少，努力程度也相应下降；个体会认为团队中的其他成员没有努力付出，因此减轻自己的努力程度。

三 职场小锦囊

管理者在带领团队进行协作时如何避免社会惰化，使团队中的每个人都能充分发挥能力，做到职场不焦虑，而不是搭其他人的便车，最终达到“1+1>2”的效果呢?

锦囊一：设定挑战任务，激发员工潜能

团队目标应当是有挑战性的，但挑战性不宜过高，否则会导致挫败感和焦虑。具体而言，设定目标前需要了解团队现有的资源、优势和不足，评估团队的需求，为目标的设立提供现实依据；其次，目标应该具有明确性和可衡量性，能够使用具体的标准来衡量目标的完成情况，例如，将“增加销售额”转化为“实现季度销售额增长20%”；最后，确保目标的挑战性和可实现性，目标要具有一定的难度，但在组织的资源和员工的能力范围内是可达成的，防止员工过度焦虑导致适得其反。

锦囊二：控制团队规模，优化协作效能

人数太多会导致团队的管理、沟通成本增大。同时，人数过多的团队在做决策时容易出现团体极化和团体思维，不利于决策的形成。因此，管理者在安排任务时需避免将任务过度分解，导致团队规模过大。一般来说，团队规模在5—9人之间最为合适，确保每个团队成员的角色和职责都明确清晰，并且技能匹配。

锦囊三：评估个人绩效，衡量贡献价值

根据个体的能力、经验和职责，制订明确的KPI（关键绩效指标），以量化和评估个体绩效。指标应该与个体的职责和目标直接相关，使得工作表现可以被量化和衡量；其次，提供定期的反馈，以便成员了解自身的工作表现，并及时完善提高；最后，建立绩效档案，详细记录员工完成的主要工作产出、完成期限、衡量标准以及评判来源，使管理者能够对员工的工作绩效进行全面、客观的评估，并据此做出薪酬激励、晋升等决策。

锦囊四：提高团队凝聚力，强化集体力量

提高团队凝聚力并强化集体力量是任何组织成功的关键要素。高效的沟通是团队合作的基石，领导者可以通过开放、透明的沟通文化，让每个成员都能分享自己的想法；组织团队建设活动，例如户外拓展训练，让团队成员在共同完成挑战任务的过程中增进彼此了解和信任，减轻因人际交往而产生的焦虑，强调团队协作而非个人英雄主义，塑造积极向上、互相支持的团队文化，让每个人都感受到自己是团队中不可或缺的一部分，增强成员的认同感。

四 生活练兵场

一家科技企业组建了一支新项目开发团队。公司的管理层对该项目非常重视，任命经验丰富的杨主管作为带头人，并给杨主管配备了一个 20 多人的团队。刚开始，大家都积极投入工作，且充满激情。

随着项目的进行，杨主管发现大家的热情大不如前，办公室里没有了以往互帮互助的情景，在团队会议上也极少有人发言，尤其是以前特别积极的组长小章和小刘，现在也变得沉默寡言，整个项目推进缓慢。这天杨主管找到小章和小刘，向他们了解情况。

小章说："杨主管，咱们团队有 20 多个人，但成果确实没有达到这么多人的效果。有的人只想偷懒，有时候任务安排下来，他们也不太关心，觉得反正有人能做完，跟自己没多大关系。"

小刘补充说："项目某一部分出了问题，大家一直在推卸责任，A 说 B 不理解项目需求，B 指责 C 不主动沟通……"

杨主管立即召开了团队会议，集中讨论团队目标和每个成员在项目中的职责。会议结束后，杨主管单独与每个成员交流，了解他们的个人想法和困扰，并且向每个人明确表达了公司对他们的重视，鼓励他们在项目中发挥自己的专长，同时也提出明确的期望。杨主管还组织了一次团队建设活动，希望成员之间能够更好地熟悉彼此，提升团队凝聚力。小章和小刘也积极配合杨主管的工作，在此后的每次集体会议后，都会组织大家分配好每个人的任务，避免出现浑水摸鱼和推卸责任的情况。

为什么杨主管的团队的工作热情逐渐减退？杨主管采取了哪些措施来

应对上述问题?

答案：当团队规模较大时，员工会觉得自己的贡献不那么重要，因为总有人会完成任务，所以对自己行为的责任感降低，行动力也减少，大大降低了工作热情，导致群体惰化。

首先，杨主管通过召开会议集中讨论团队目标和每个成员的职责；其次，杨主管与成员进行一对一沟通，了解每位成员的想法，并鼓励他们在项目中发挥自己的专长，提出明确的期望；最后，杨主管组织团队建设活动，使成员之间能够更好地了解彼此，提升合作效率和团队凝聚力。

第五章

塑造团队的良好方法

第一节　用企业价值观来吸引人才

一　心理大剧场

双倍薪资却买不来人心?

县城里有两家规模差不多的杂货超市，都位于人来人往的十字路口处，A店是一个年轻老板新开的，B店则是一对老夫妻长期经营的。

A店老板一开业便想要招揽客源，于是他大手一挥，要求超市装修一定要“高大上”。与A店相比，B店就显得破旧许多。A店老板继续展开商业攻势，他高薪聘请了一些销售人员，心想这样一定能扩大自己的销售额。

一段时间后，店内业绩并未达到老板的理想状态。A店老板非常生气，在开会时批评员工，看到店内有灰尘就对保洁员工破口大骂，店内有滞销的水果就怪销售人员不努力……除此之外，A店还推出打卡制度，一旦未完成打卡，就要扣员工工资。时间一长，员工都纷纷抱怨：“如果是正常的业绩也还好，可是老板非要定一些很难实现的任务目标！”大家愈发消沉，店内生意也远远比不上B店。

A店老板非常生气，派人去B店暗中调查原因。调查人员回来告诉A店老板，B店员工都是工作了十多年的老员工，有丰富的销售经验。A店老板急忙找到这几位销售人员，表示愿意给他们双倍的薪水，来为自己工作。令A店老板意想不到的是，这几个人居然不约而同地拒绝了他。A店老板追问原因，他们笑着说：“我们留在B超市也不完全是因为薪资，而是因为我们的老板。”

A店老板感到很奇怪，他决定亲自到B店看看。他还没走进门，就

听到店内老板和员工传来的阵阵笑声。他观察了一天，终于明白这些老员工不愿意离开B店的原因。因为B店老板并没有将这些销售人员当作打工一族。在这样和谐的工作氛围里，每一个在店里工作的人都感到安心。

二 慧眼识问题

在上述案例中，A店老板试图通过薪资条件来吸引员工，忽略了员工对人际关系和工作氛围的需求；相比之下，B店老板更关心员工，让员工感到被认可和重视。在企业管理中，除了物质待遇外，关怀、尊重和发展空间等因素同样重要，良好的人际关系和对员工个体价值的关注能够更好地激励和留住人，这就是海潮效应。

海潮效应原本是指海水因天体的引力而涌起海潮，引力大则出现大潮，引力小则出现小潮，引力过弱则无潮的现象。企业通过调整对人才的待遇，加大单位对人才的吸引力，比如提出新理念：以待遇吸引人，以感情凝聚人，以事业激励人。

海潮效应背后蕴含着人际交往中的相似性吸引原则，人们常常倾向于和那些展现出与自己相近价值观、兴趣爱好和性格特点的人建立更紧密的关系。相似性可以给个体带来认同感以及愉悦的人际交往体验，满足个体的基本心理需求。通过与相似的人建立关系，个体更容易找到共鸣，形成稳定的社会支持网。

三　职场小锦囊

企业管理者如何利用海潮效应，以卓越的平台吸引人才，留住人才，打造人才磁场，优化人力资源配置，达到职场不焦虑，并最终提升组织效能呢？

锦囊一：确立企业价值，吸引同频人才

企业应该根据自己的使命和愿景清晰传达其核心价值观，吸引那些与自己价值观相符的人才。例如，谷歌的核心价值观包括“追求卓越”和“持续创新”。这些价值观不仅为谷歌员工提供了一个明确的工作方向和目标，也吸引了大量具有创新精神、追求卓越的人才。同时，领导者要成为企业价值观的践行者，通过自身言行来向团体员工诠释和传递这些信息。

锦囊二：构建多元激励，彰显公平机制

建立以绩效、能力和技能为基础的多元激励体系，通过多种要素（包括职权、工资、奖金、福利、学习、股权、荣誉等）的有机组合来满足不同层次员工的需求。激励机制要体现公平原则，明确激励标准，公开激励政策，合理分配激励资源，确保员工对激励政策的认同和信任。

锦囊三：加强技能培训，提升员工能力

在知识和技能快速更新的时代，培训能使员工保持竞争力，适应行业和市场的变化，提高工作效率。

四　生活练兵场

有一家名为智汇科技的创新型企业，专注于人工智能和大数据领域的研发与应用，因其前沿的技术和卓越的产品，在市场上享有盛誉。

几年前，智汇科技还是一个名不见经传的小公司，尽管有着远大的梦想和雄厚的技术实力，但受限于市场知名度，难以吸引顶尖人才。公司创始人李总深知，没有人才的支撑，公司是没有前景的。于是，李总决定改变公司的人才战略。他首先在公司内部营造了一种尊重知识、尊重人才的文化氛围，让每一位员工都感受到自己的重要性。同时，他加大对员工的培训力度，为员工提供丰富的学习资源和晋升机会，让员工能够在工作中不断进步。在对外招聘方面，李总提高公司的薪酬和福利待遇，同时，他还加大对公司品牌的宣传力度，提升公司的知名度。

不久，越来越多的人开始关注这家公司，他们看到智汇科技对人才的重视，也看到了公司的潜力和前景。于是，他们纷纷加入智汇科技。如今，智汇科技已经成为一家拥有众多顶尖人才和强大技术实力的企业。它在人工智能和大数据领域取得显著的成绩，成为行业内的佼佼者。

李总为什么在人才的吸引和培养中投入这么多精力？他是怎样做的？

答案：最初的智汇科技虽有技术实力，但缺少人才支撑。李总深知，企业的长期竞争力不仅来自当前的技术优势，更依靠未来持续的创新。利用海潮效应吸引和培养一批高素质、高能力的人才，企业才能在未来的竞争中保持领先地位。

李总在公司中实施了尊重和重视人才、提供良好的工作环境和职业发展机会、提高公司的薪酬待遇和福利等措施，成功地吸引大量优秀人才加入智汇科技，使智汇科技成为业内的佼佼者。

第二节　微小变化引发的连锁反应

一　心理大剧场

一根毛“搞垮”一个火锅店?

A 店是市里一家有名的火锅店，是该市的老字号，味道好吃，食材也新鲜，生意非常火爆。老板李仁最近要外出考察开分店的事，于是就让儿子李闲来管理 A 店，同时，他担心李闲没有太多管理经验，便派店内的副经理辅助李闲。

这天，有一位客人在就餐时发现食物中有一根细微的毛发，便找服务员寻问这件事，并要求这一桌免单。这位客人是店里的常客，每次消费也不少，前段时间还充值该店的至尊会员卡。服务员赶忙找到李闲汇报此事。李闲知道火锅店的卫生是有保障的，听到有客人投诉，并不以为然。副经理在旁边劝道：“餐饮行业是服务业，应该以顾客为中心。”可李闲认定那位客人找出的头发是空气中不小心落下的，认为客人就是想要占小便宜，于是李闲拒绝了客人的要求。二人在大厅吵得不可开交，客人临走时愤怒地说：“就凭你今天的态度，我永远不会再进这家店！”李闲也说：“我们店也不缺你这一个客人！”经过这件事，服务员纷纷效仿李闲的做法，在面对客人的质疑和批评时，大家也都不以为意。于是，店内客源开始减少，后厨也把剩菜拿出来加工一下，继续售卖。于是，该店的差评越来越多，门庭冷落，李闲内心也不禁思索，究竟是哪一步错了?

二 慧眼识问题

在上述案例中，一位客人在食物中发现了一根细微的毛发，李闲却认为客人是故意找茬，这就是火锅店走下坡路的起点。后来，服务员的工作态度逐渐敷衍，顾客开始流失，店铺的生意越来越差，甚至面临倒闭。李闲的一个不当决策触发了一系列连锁反应，最终导致火锅店的困境，这就是多米诺骨牌效应。

当一枚骨牌被轻轻推倒时，它所携带的重力势能转化为动能，瞬间传递给相邻的骨牌，将静止转变为运动。多米诺骨牌效应常指在一个相互联系的系统中，一个很小的初始能量就可引发一连串的连锁反应。这个起始动力的大小和方向决定了后续反应的走向，也决定了最终的效果。例如，2008年席卷全球的金融危机，给全球带来了一次金融海啸。这场源自美国次贷危机的金融危机，通过多米诺骨牌效应波及很多国家的金融产品和金融机构，导致很多国家实体经济陷入衰退。

多米诺骨牌效应反应的是个体或事件之间的相互影响，当一系列相互关联的事件或物体中的一个发生改变时，就会引发连锁的反应，将事态推向全新的层面，就像排列在一起的多米诺骨牌依次倒下。多米诺骨牌效应的关键特征包括：相互关联、连续性和无法逆转。

三 职场小锦囊

如何在职场中应用多米诺骨牌效应，用联系和运动的观点看待问题，把握事物间的联系，缓解职场焦虑呢？

锦囊一：把握事物联系，全局掌控问题

利用事物间的联系是一种有意识地将不同事物和资源联系起来，以获得更好效果的方法。职场中可以通过建立社交网络、整合跨部门资源、交叉培训和跨团队合作等方式促使信息更好地流动，提高工作效率，实现个人和团队的全面发展。例如，在团队中，通过了解每个成员的优势，领导可以更加合理地分配任务，实现团队效能的最大化。同时，也要加强团队内部交流，促进信息共享和知识传递，提高团队的创新能力。

锦囊二：设定明确目标，缓解职场焦虑

长期目标能够明确职业方向，短期目标则是实现长期目标的逐步计划，确保每一步都在为实现长期目标添砖加瓦。个人的职业发展要制订清晰的长期和短期目标，这有助于为多米诺骨牌效应的一系列变化提供清晰的方向。设定的目标要有三个特点，一是具体的，例如，在六个月内，至少与10个潜在客户建立初步联系，并安排不少于5次面对面的商务会议；二是可量化的，例如，每个月实现销售额达到20万元，以确保在6个月内达到总销售额120万元的目标；三是可实现的，即目标是基于现有客户资源、销售能力以及对市场的了解来设定的。

锦囊三：注重细节点滴，积累正向效应

“勿以善小而不为，勿以恶小而为之”。一个小错误会在后续的步骤中引发更大的问题。通过注重每一个细节，团队便能够在整个过程中逐渐积累正面效应，提高成功的概率。例如，在职场中，制订详细计划、定期检查工作进展、审慎处理细节信息和主动沟通反馈等一些良好的工作习惯，叠加在一起便会产生积极结果，促进职业发展，提高成功的可能性。

四　生活练兵场

每到过节的时候，董事长都会在员工的礼品里面附上一张祝贺卡片，卡片的内容有一多半是写给员工的家人的，主要内容是：您的孩子在公司踏实能干，富有上进心和创造力，为我们公司的业绩做出贡献。虽然只是感谢的几句话，但是员工父母的自豪感油然而生，非常开心。

有一次，公司经历投资危机，经营也遇到问题。董事长让大家自由选择去留，可是员工都没有离开，纷纷扛住了压力，还联名给董事长写了一封信：尊敬的董事长，您待我们如自己的亲人，在公司让我们感受到大家庭的温暖，每逢过节暖心的卡片让我们心里也充满感激，我们只有努力工作才能回报公司。现在公司遇到问题，我们理应为公司尽自己的最大一份力。董事长收到这封信后内心被深深触动了，没想到自己的一个小小举动能换来大家如此的团结一心。

为什么员工对董事长如此忠诚？我们能从董事长身上学到什么？

答案：案例中，董事长在员工礼品中附上祝贺卡片这一事件引发了多米诺骨牌效应。董事长给员工写节日卡片这件事传达出董事长对员工关怀的重视，于是人事部门加强了公司内员工关怀制度的建设，大大增加了员工的忠诚度。当公司遇到危难之时，大家也选择一起共渡难关。

在管理工作中，我们应当重视那些能够产生初始正面效应的小举动或策略，这些策略可能看似微不足道，但却能够引发连锁反应，为组织带来长期的积极影响。例如在员工入职的第一天，主管可以为员工送上一份小礼物，并附上一张手写的欢迎卡片，写上对新员工的期待和祝福；改善办公室设施，如增加绿植、提供舒适的休息区、设置合理的照明和温度等。这些看似简单的方法能够营造出有利于员工成长和团队发展的企业文化，激发员工的积极性和创造力，从而促进组织的整体发展。

第三节　灵活引入外脑的策略

一　心理大剧场

让外来“鲶鱼”助你越游越快

周一早上，总经理王勋刚走进会议室，便看到大家哈欠连天，一个个像霜打的茄子，丝毫没有精气神。在接下来的例会中，王勋提到公司这半年来的销售业绩没达标，跟上半年比起来下降了五个百分点。原以为这能刺激下大家的工作动力，可没想到大家纷纷面面相觑，毫无做出改变的意向。

会议结束后，王勋在办公室坐立难安，按照大家现在低迷的状态，公司业绩不可能会好转，恐怕明年公司的运营也要出问题。副总张文提议：“不如按照业绩排名，把业绩排名最末的员工开除。”王勋摇了摇头，说：“这样不现实，大家都是公司的老员工了，为公司以往的业绩也做了很多贡献，年终被开除，会寒了他们的心，也让其他员工心慌焦虑，怕是会适得其反啊。”张文思索了一会儿，又提议道“那何不招聘新成员，让大家有些紧迫感呢？”王勋听完张文的想法后，豁然开朗。

于是二人经过周密的计划和努力，终于把行业内的销售翘楚——陈发聘请了过来。陈发上任公司销售部主管后，首先制订了部门内的营销法则，对原有市场进行分类研究，制订了开拓新市场的详细计划和明确的奖惩办法，并把销售部的组织结构进行了调整，使其符合现代市场的要求。上任一段时间后，陈发凭着自己丰富的市场营销经验和过人的学识，以及惊人的能力和工作热情，受到销售部全体员工的好评，员工的工作热情也被极大地调动起来。公司的销售业绩出现了转机，销售额直线上升。从那以后，王勋每年都会重点从外部聘用一些精干的人才，这样一来，公司上下都充满了活力。

二 慧眼识问题

在上述案例中，由于长期重复相同的工作、与相同的人合作，员工逐渐丧失了工作热情，公司业绩受到严重影响。陈发作为新加入的员工，不仅带来新的思维方式和积极向上的工作态度，还激发现有成员的竞争意识，不断警醒其他成员要提高工作效率、学习新知识，以保持在团队中的竞争力，这就是鲶鱼效应。

鲶鱼效应起源于一个故事：西班牙人喜欢吃沙丁鱼，但沙丁鱼非常娇贵，一旦离开海洋，就很难生存。而死掉的沙丁鱼味道不好，因此死后的沙丁鱼销量也不好。为延长沙丁鱼的生命期，渔民要让沙丁鱼活着到达港口。一个聪明的渔民想出一个办法，他将几条鲶鱼放在沙丁鱼的运输容器里。鲶鱼是食肉鱼，放进鱼槽后，鲶鱼便会四处游动寻找小鱼吃。为了避免被吞食，沙丁鱼会加速游动，从而保持旺盛的生命力。这样一来，沙丁鱼就活蹦乱跳地来到渔港。后来，该效应被用于企业中，指当企业缺乏效率时，引入“鲶鱼”人员能极大地激发团队其他成员的活力，有效激发员工危机感和竞争意识，从而营造出一个积极向上的竞争环境，最终提升组织的整体绩效。

三 职场小锦囊

如何运用鲶鱼效应，使企业活跃起来，让其在市场中积极参与竞争，从而激活市场的整体竞争力，同时，又能打破团队中暮气沉沉的现象，并在此过程中实现职场不焦虑，从而提高团队的整体效率呢？

锦囊一：挖掘内部“鲶鱼”，促进职业发展

当公司的某些职位出现空缺时，应优先考虑组织内部员工，以此来节省公司人力资源成本，并为本公司员工提供发展机会。根据员工以往绩效、工作激情和上进心找出有潜力的“鲶鱼”，给予重点培养，提拔有朝气、思维敏捷的员工，促进团队创新，给故步自封和没有危机感的员工带来压力。

锦囊二：引入外部“鲶鱼”，强化内部竞争

根据企业实际情况，从外部聘用一些精干、思维敏捷、有精力的人才。领导者既要把自己当作组织的一部分，又要把自己看成一个系统中的决策者，从而带动员工队伍打开局面、打破常规，取得良好效益。

锦囊三：创新工作内容，激发工作热情

枯燥无味的工作内容让人们感觉像一桶拥挤的沙丁鱼一样，没有激情，逐渐演变成集体惰性。要时刻保持忧患意识，切忌温水煮青蛙，可以通过设置充满挑战性的工作、轮岗、技能提升、跨部门合作等方式，在工作内容上进行创新，保持工作激情。

四　生活练兵场

某个大城市有两家大型企业，分别是孙总成立的豪大集团和李总成立的金灿集团。这两家公司都是与同行业经历过长期的竞争才脱颖而出的佼佼者，彼此也成为商业上的强大竞争对手。

2020 年豪大集团的孙总为增加市场竞争力，采取积极扩张的经营策略，大量收购、兼并各类小型企业，由于资金链出现问题，集团的市场销售业绩反而直线下降。

此时，金灿集团的不少高管向李总提议主动出击、乘虚而入，一举击败豪大集团，实现独霸市场的最终目的。李总听后只是微微一笑、不置可否。后来李总竟然主动向孙总伸出援手，为对方公司的资金周转提供帮助，帮助其渡过难关。最终，豪大集团恢复了原有的生机，并继续与金灿集团共同分享市场。

李总为什么要主动帮助孙总？竞争双方应该怎样做才能实现行业良性竞争？

答案：虽然击垮豪大集团对金灿集团来说短期内看似有利，但长期来看，市场垄断可能导致监管加强、消费者反感、创新动力减弱等风险，保持市场竞争的活力更符合金灿集团的长期利益。一个健康的行业生态需要多家企业的相互竞争、制衡。李总意识到豪大集团的崩溃会导致整个行业的衰退和混乱，正如鲶鱼效应中一群沙丁鱼缺少鲶鱼，就变得死气沉沉一样，这也会影响金灿集团的经营环境。

李总认识到击垮对手并不一定能为自己的企业带来长远的利益。因此，在制订竞争策略时，应该考虑整个行业的长期发展，保持行业的竞争态势，而不仅仅考虑眼前的利益。除此之外，竞争双方应该共同努力，通过创新、提高产品和服务质量等方式，推动整个行业的发展。

第四节　三个臭皮匠不一定比得上一个诸葛亮

一　心理大剧场

第二次开会——有这个必要吗?

工作群里发了开会通知，大家齐刷刷地走进会议室，小茹边走边抱怨道：“这个产品要包装没包装，要市场没市场，真不明白为什么丽姐天天喊我们讨论产品复推的事情。”小安也附和道：“是啊，明明大家上次开会都非常不建议复推这个产品，可是丽姐偏偏说我们掉进了什么心理学陷阱，不能轻易做决策，非要今天再讨论一次。难道重新开一次会就会改变大家的想法吗？”

小茹无奈地摊了摊手：“可能丽姐也有她的考虑吧。”

话音刚落，她们便看到主管毛丽笑呵呵地招呼大家坐下：“我知道大家昨天都很辛苦，前段时间我在做部门内部调研的时候，部分人私底下对咱们准备复推的产品还是比较有信心的。可是昨天开会的时候，我感觉大家陷入一种奇怪的氛围，大家讨论后都不愿意推出咱们的产品，我这次请大家再来讨论一次。”

毛丽说完后，大家问道：“再讨论一次，结果不是一样吗？”毛丽笑了笑说道：“总之，本次复推产品关系到我们本季度的业绩，决策非常重要，所以我将本次复推项目分成四个分支主题。大家分组进行讨论，每个组都将由销售部、宣传部和研发部等三个部门的人员组成。这次，我们要设置一个新规则，希望在本次讨论中，大家能够各抒己见，尽情发挥批判性思维，最好每个组都有一个反对者提出问题。”大家虽然一头雾水，但还是照做了。每个组都对四个主题问题进行了详细的讨论，这次讨论的结果与第一次开会的结果真的不同，有过半同事认为不应该采取保守措施，有机会时还是要及时出手。毛丽满意地点了点头。

最终，产品一上市就获得消费者的喜爱，大家都认为这是一款性价比很高的产品。

二 慧眼识问题

在上述案例中，毛丽在部门内部做产品复推调研时，有部分人支持复推计划，而在第一次开会时大家却对复推产品表示反对，并在表面上达成了一致。这种一致的观点是因为大家在讨论中受到相似的意见和看法的影响，这就是群体极化效应。

群体极化效应指的是在观点的同一方向上，经由群体讨论之后所形成的群体态度，往往比讨论之前群体成员个人态度的平均值更趋向极端化的现象。这就是说，原来群体支持的意见，大家在讨论后会变得更为支持；而原来群体反对的意见，讨论后反对的程度也会变得更强，最终使群体的意见出现极端化。群体极化现象很容易在一个具有强烈群体意识的群体内产生，一方面，群体极化效应能促进群体意见一致，增强群体内聚力；另一方面，群体极化效应也会使错误的判断更趋极端。

群体极化效应的产生有三个原因：

第一，责任分散。人们在群体中做决定的时候会不自觉地将责任均分到所有参与讨论的成员身上，即责任分散。

第二，社会比较。群体成员会将自己的意见与其他成员的意见进行比较，并且希望他人对自己做出积极的评价。有的成员会选择使自己的观点与群体观点一致；持反对意见的成员可能会保持沉默，选择顺从群体的主流意见，从而导致群体中的异质化观点减少。

第三，信息影响。群体成员通过讨论获取新的信息，这些信息本身就带着倾向性，人们会听到更多支持其主张的理由，群体讨论进一步放大了最初的观点，从而导致更加极端的意见的产生。

三 职场小锦囊

总的来说，群体极化效应是弊大于利的，那么我们该如何避免在团队讨论某个话题或进行决策时变得极端化，正确做出决策，促进有效的沟通和合作，实现职场不焦虑呢？

锦囊一：采用科学决策，提升决策质量

在群体决策时采用头脑风暴法、德尔菲法、阶梯技术等方法，促进观点创新、减少冲突并提高决策的效率和质量。例如，头脑风暴法有助于产生创新性的解决方案，德尔菲法有助于减少群体偏见，阶梯技术有助于降低问题的复杂性。

锦囊二：营造轻松氛围，鼓励成员发言

鼓励群体成员之间进行平等、尊重和理性的讨论，轻松的团队氛围可以在很大程度上避免群体极化现象。例如，在会议上，管理者通过鼓励团队成员之间自由交流，分享想法和感受，使每个成员能够提供不同观点，促进沟通和合作，有利于不同思路的碰撞，避免决策的片面性。

锦囊三：养成批判思维，避免片面观点

提高批判思维能力对于解决问题、科学做出决策以及推动创新至关重要。具体而言，鼓励员工勇于提问，从不同的视角来思考问题，以便能够更全面地理解问题。管理者可以组织内部研讨会，使员工在实际情境中锻炼批判思维。例如，在模拟商业谈判中，员工运用批判思维来分析对方背后的利益动机，以便更好地达成双赢协议。

四　生活练兵场

最近，王先生在考虑投资保险的事情。前段时间公司有同事投资了一份保险，收益不错，令王先生心动不已。自己目前工作稳定，薪酬一般，孩子刚出生，正是需要钱的时候，该不该投资保险呢？王先生想到既然这是一次好机会，那不如把自己的一份人寿保险卖掉，用这个钱来投资新产品，说不定能大赚一笔。王先生兴奋地跟同事谈起此事，大家讨论起来。有人提出投资这个事情不要太冒险，原先比较支持王先生投资的同事也陷入沉思，大家都表示王先生应该谨慎对待这次投资。王先生听从大家的意见，决定按兵不动。

过了一段时间，王先生听说另一个同事投资了这个新产品，并且大赚了一笔，王先生懊悔不已。

王先生为何会错过这次投资机会？他应该怎么做才能做出相对合理的决策？

答案：王先生在与同事探讨投资产品的过程中，逐渐形成统一的观点，即不应该选择冒险投资。王先生最后做出的决定是群体极化效应的结果，并不是经过调研与理性思考做出的决策，因此决策的合理性大大降低。

王先生可以听取同事们的建议，但同时也要保持自己的独立思考，不轻易被群体的极端观点所影响。在做出决策之前，王先生应该多方面收集关于投资产品的信息，包括产品的风险、收益、历史表现等，更全面地了解投资产品，从而做出更明智的决策。

第五节　切莫做羊群里的“盲羊”

一　心理大剧场

羊群里的“盲羊”会是我吗？

小李是某大型科技公司新招聘的人员，在公司的研发部从事软件研发设计工作。有一天，上级领导要求小李所在的团队与客户A对接，计划开展一个新软件的开发工作，这对刚进入公司的小李而言是一个巨大的挑战。

在项目推进的过程中需要使用一种新的编程语言，这种编程语言有一些尚未解决的缺陷和问题。团队中的一些同事坚持要采用这种语言。虽然小李认为这种做法有风险，但小李认为自己资历尚浅而且身边的同事都想使用这款新的编程语言，他在会议讨论中也没有提出反对意见。

结果，项目在开发过程中遇到很多困难。由于这种编程语言的不成熟，项目进度严重滞后。最终，这个项目并没有实现预期的成功，小李参与的第一个项目以失败告终，公司也遭受了一定的经济损失。

二 慧眼识问题

这个案例中我们看到从众效应的微妙影响。由于资历尚浅，小李面临来自人际关系的压力，这让他在团队讨论中选择沉默。这种从众心理的产生，往往源于对未知的恐惧和对安全的追求。长此以往，这种从众效应会使小李在工作中失去独立思考的能力。他会盲目跟随他人的脚步，忽略自己的见解。这样下去，他就会错失一些重要的发展机会。因此，如何在从众效应和独立思考之间找到平衡，成为他在职场中必须面对的挑战。

从众效应是指当个体受到群体的影响（引导或施加的压力），会怀疑并改变自己的观点、判断和行为，朝着与大多数人一致的方向变化。

最早对从众现象进行实验的心理学家是阿希。阿希在 1956 年进行了一项从众现象的经典性研究——三垂线实验。该实验每组 7 人，坐成一排，其中 6 人为事先安排好的实验合作者，只有一人为被试验者。实验者每次向大家出示两张卡片，其中一张画有标准线段 X，另一张画有三条线段 A、

B、C。X的长度明显地与A、B、C三条直线中的一条等长。实验者要求判断X线段与A、B、C三条线段中哪一条线等长。

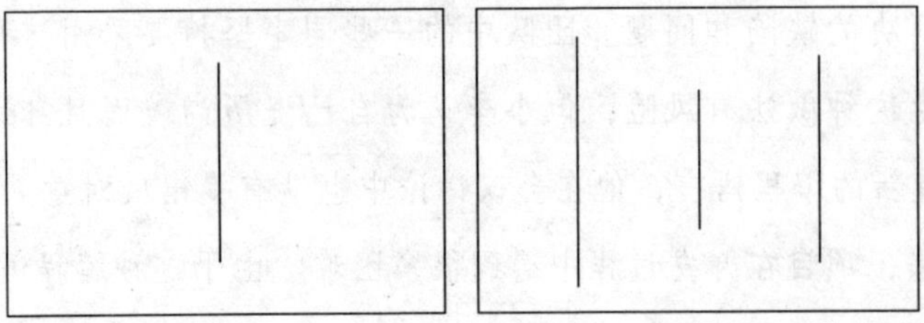

实验者指明的顺序总是把真实被试者安排在最后。第一、二次测试大家没有区别，第三至第十二次前六名被试者按事先要求故意说错，借此观察被试者是否发生从众行为。结果发现大约三分之二到四分之三的被试者发生了从众行为。

在职场生活中，压力是从众的一个重要因素。人们在决策时会受到信息压力的影响，这是人们认为，多数人的正确概率比较高，在模棱两可的情况下，由于缺少参照构架，就越发相信多数人，从而发生从众行为。另外，人们在决策时还会受到人际关系压力的影响，这是由于在一个系统内，谁做出与众不同的判断或行为，往往会被其他成员孤立，甚至受到惩罚，因而群体中的个人往往不愿意违背群体标准而被其他成员视为越轨者，遭受孤立。

三 职场小锦囊

那究竟该如何在职场生活中避免员工成为“盲羊”，在工作中能够根据实际情况做出理性决策，避免盲从带来的职场焦虑呢？这里为大家提供三个小锦囊。

锦囊一：坚持独立思考，培养辨证思维

独立思考是克服从众心理的关键。我们需要认真思考自己的意见和决策，坚持自己的思考结果，而不是根据周围人的意见或行为来做出决策，被他人的意见或看法所左右。职场工作中，我们经常会面对群体讨论，面对一些具有迷惑性的言语或论断时往往不能很好地辨别，此时我们要清醒地意识到自己需要保持独立思考，不盲目接受他人传输的信息。

锦囊二：坚定个人立场，寻求社会支持

在职场中，为了更好地坚守自己的立场和做出正确的决策，我们可以寻找那些能够提供社会支持的人，如专业顾问等。他们能帮助我们强化自己的信念和决策，提供必要的支持和建议，从而有效减少我们的从众行为。

锦囊三：保持自信，拒绝跟风从众

在面对群体压力和从众心理的挑战时，保持自信也是至关重要的。当我们对自己的能力和决策有信心时，我们的大脑会释放出多巴胺，从而更加有决心去追求我们的答案。

四　生活练兵场

创辉科技是省城一家大型互联网公司，是本行业的领军者。

李明作为公司的一名基层员工，最近开始在工作时间频繁浏览与工作无关的网页、沉迷游戏、刷微博和抖音等，将工作任务抛诸脑后。他的行为很快引起了同部门文佳的注意。原本认真工作的文佳，看到李明如此“自由”地工作后，内心开始动摇。她心想：既然李明都这样，那我在工作时间看几本书也是可以的。于是，文佳也开始在工作时间内阅读与工作无关的图书，放松了对工作的专注度。

部门中另一位员工明涛对这种现象感到十分担忧。他看到同事们的工作态度越来越不端正，经常在工作中出现纰漏，甚至找借口拖延进度。出于对人际关系的考虑，明涛并没有直接提醒大家。

后来这种从众现象在部门内愈发严重。原本高效的工作氛围没有了，部门的工作进度受到严重影响。

案例中的员工有什么行为表现？如果你是管理者，你会采取哪些措施来管理员工的这种行为？

答案：员工的行为：面对同事工作不专注和违反工作纪律的现象，文佳和明涛表现出两种不同的行为模式。文佳看到李明在工作时间进行非工作活动后，逐渐也放松对工作的专注度。她的行为受到李明的影响，从而形成了从众效应。明涛则是一个观察者。尽管他观察到同事的工作态度越来越不端正，并担忧这种趋势会对部门的工作产生负面影响。他并没有直接采取行动，而是选择了沉默，这反映了他在人际关系压力下默认了这种行为。

作为管理者可采取如下措施：首先，管理者应明确工作纪律，确保所有员工都清楚知道哪些行为是允许的，哪些是不被接受的；其次，管理者应加强监督和反馈，例如定期检查和随机抽查。当发现违反工作纪律的行为时，管理者需要及时做出相应的处罚措施。对明涛这样的员工，管理者应给予他更多的支持，让他为团队的进步贡献自己的力量。同时，也要为他提供必要的帮助和资源，确保他的行动能够得到有效的支持。

第六章

走向成功的技巧

第一节　物极必反，过犹不及

一　心理大剧场

信息爆炸：沟通的陷阱

王晨是一个公司的销售经理，他所在的公司最近新推出一款智能家居系统。某月，他得知一家大型房地产开发公司正在寻找新的智能家居系统，以用于他们即将推出的新房项目。为了占领市场，他决定主动出击。

在会议室里王晨充满激情地演示产品。他从产品的基本功能开始介绍，逐渐过渡到产品的高级功能和技术细节。他全面介绍产品的智能控制、安全监控等方面的优势，还展示了产品实际的使用场景。然而，客户并没有被他的产品所吸引。他们的注意力逐渐开始分散，有些人开始打哈欠，有些人开始看手机。

产品演示结束后，王晨认为自己这次又为公司拿下一单。然而，客户的反馈给他当头浇下一盆冷水，他们认为产品的功能过于复杂，不符合他们的实际需求，他们更愿意选择简单易用且价格便宜的智能家居系统。王晨感到非常困惑，不知道是哪个环节出了错。

二 慧眼识问题

在上述案例中，王晨在展示产品时，由于太想成功推销产品，因而过度投入并且过度详细地介绍产品的各种功能和优势。王晨的讲解超出了客户的信息接受范围，客户因无法消化和吸收这么多的信息而产生不满甚至厌烦的情绪，进而影响他们对产品的评价和决策，这就是超限效应的一个典型表现。

超限效应是指个体在面对过多刺激或压力时，会出现情绪上的负面反应，例如焦虑、疲劳、逆反心理等。在日常生活中，过度刺激是导致超限效应出现的重要因素，当一个人长时间接受高强度的刺激，比如持续的工作压力、嘈杂的环境或者持续的信息输入，大脑会处于超负荷状态，难以有效处理信息，随即就会产生疲劳和不耐烦情绪。此外，心理压力过大，认知负荷过高，以及缺乏充足的休息都有会引发超限效应。

在职场中，超限效应无处不在，且暗示了一种不太健康的沟通和管理方式。例如，想让员工接受自己的建议时，如果不分时间与场合，针对同一个问题三番五次地劝说他，试图将自己的意愿强加给他，就会让他感到压力倍增，甚至产生抵触情绪，最终适得其反。

三 职场小锦囊

管理者在与员工沟通的时候如何避免出现超限效应，与员工建立起良好的沟通和合作关系，真正做到职场不焦虑呢？这里为大家提供四个小锦囊。

锦囊一：优化信息传递，增加直观表达

在沟通中如果表达内容过于抽象和复杂，会导致员工的认知负荷过高，在短时间内无法消化和理解信息，此时我们就要改变信息的呈现方式。具体来说，管理者在和员工沟通抽象概念的时候，可以通过实际案例来说明，让员工更容易将抽象的概念与实际情境联系起来，从而更好地理解和消化信息。此外，管理者还可以将复杂的信息转化为图像或图表，以便让员工更直观地理解信息，这些方法都有益于沟通的进展。

锦囊二：关注员工情绪，避免频繁沟通

和物极必反的道理一样，长时间、高强度的沟通很容易产生超限效应。例如，就一件事情进行深入沟通后，我们需要给对方一定的思考和缓冲时间。对方在一段时间后还是没有接受或者做出改变的话，再考虑下一次沟通。

锦囊三：注重员工反馈，建立人际边界

在人际交往中，我们需要注意与员工交往的边界与尺度，如果对方表现出不愿意继续沟通的迹象，应该及时停止。在交谈的过程中，表现出超限效应的个体往往会发出不愿继续沟通的信号，例如在肢体语言和面部表情上，对方会不耐烦、皱眉或者面无表情，还可能会采取后退姿势，此时我们就应当觉察到并尊重对方意愿。

锦囊四：适当中断工作，调整情绪状态

超限效应也会出现在我们自己身上，此时我们可以通过适当中断正在进行的工作，来调整当下的负面情绪，避免在过于焦虑的状态下出现一些不理性的言行。例如，在感到焦虑的时候，我们可以安排一些短暂的休息时间，让自己离开工作岗位，进行一些简单的伸展运动或深呼吸，放松身心，缓解紧张情绪。还可以尝试一些冥想或放松练习，帮助平复情绪，放松身心，提高注意力和专注力。

四　生活练兵场

小李是一名科技公司的软件工程师。最近，公司启动了一个重要的项目，张经理为了确保任务的顺利进行，频繁地向小李发送邮件、微信消息。由于张经理过于密集的沟通，小李感到自己已经无法有效地处理不断涌来的信息，没有时间去思考和完成工作。在一次谈话中，小李坦诚地告诉张经理自己的困境，希望能够减少这种频繁的沟通，以便更好地专注于工作。张经理听后意识到自己过度的信息传递会对团队成员造成负面影响，立即调整沟通策略，给予团队成员更多的工作空间和自主权。一段时间后，团队的工作氛围也变得更加融洽，小李的工作效率也得到提升。

案例中的张经理原本的沟通方式为什么会对小李产生负面影响？这对管理者的工作有什么启示？

答案：案例中的张经理原本的沟通方式对小李产生了负面影响是出现了超限效应。张经理通过邮件、微信和打电话等方式与小李频繁沟通，会导致小李的大脑处于超负荷状态，无法有效处理大量的信息，从而影响工作效率和情绪状态。

管理者在日常工作中需要关注以下几点：首先，管理者与团队成员沟通时，需要注意信息的频率，避免过度传递信息导致员工产生超限效应。沟通的目的应该是有效传达信息和建立双向沟通，而非频繁地传递任务要求。其次，管理者应该尊重员工的工作需求和个人空间，给予他们足够的时间和空间去完成工作。在沟通中，管理者还要关注员工的情绪和反馈，建立起相互尊重和理解的工作氛围。

第二节　反行其道会更有效

一　心理大剧场

凯文经理的“琵琶计”

小杰在某一公司做技术员，他非常勤奋且有才华。但他经常犯一些粗心的错误，这些错误导致他参加的项目经常延误并且也引起团队中其他同事的不满。针对这个问题，他没有直接批评小杰的错误，相反，他选择了一种更积极的方式。

当项目团队正面临一个非常重要的任务时，小杰又一次犯了一个粗心的错误，这次错误差点导致整个项目的失败。凯文经理并没有表示愤怒或责备，相反，他在团队会议上表扬了小杰：“我要表扬小杰的学习能力和勇于承担责任的态度。尽管我们遇到了挑战，但小杰一直非常积极主动地去解决问题。他的努力和付出精神值得我们学习和表扬。”小杰在听到这些话时，内心感到非常的不安和惭愧。他知道，虽然经理说他有很多优点，但他经常粗心的问题是一个需要关注和改善的地方。他意识到自己需要做出一些努力来纠正这个问题。

接下来的几个星期里，小杰工作时更加仔细谨慎，他主动寻求与团队其他成

员的交流和反馈，并及时检查和验证自己的工作。凯文经理在一个月后安排一次评估会议，每个人都有机会提供对其他成员的反馈。当提到小杰时，同事纷纷称赞他在过去几周里的改变和成长。

此后，小杰做事更加注重细节和质量，他的工作失误率大大降低，他变得更加成熟和可靠。

二　慧眼识问题

技术员小杰的失误导致项目的延误和同事的不满，上司有理由批评他，但凯文经理却反其道而行之，反而表扬他的优点。这让小杰产生一种认知不一致的感觉：犯了错却受到表扬。为了消除这种“别扭”的感觉，小杰意识到要改变自己的行为，向积极、正面的形象靠拢，最终改掉自己的问题，这就是反弹琵琶效应。

反弹琵琶效应是指人们把原本要批评的过错不给予直接批评，而是充分肯定或表扬其长处，使犯错者自我反省，进而认识错误、改正过错的现象。反弹琵琶这一名词来自敦煌壁画上的艺术形象，在壁画上的操琴者一反常态，并没有将琵琶放置在正面弹奏而是反弹琵琶，这一形象令观赏者记忆深刻。此后这种反弹琵琶的艺术表达效果被人们巧妙地引用到心理学领域，得到的效果也正如壁画所表现的那样，因此，人们就把这一现象形象地概括为反弹琵琶效应。

对犯错的人给予表扬会使他产生认知冲突，为了缓解这种冲突，犯错的人会对自己的行为进行调整。例如，当你的下属工作经常迟到时，你不必非要对他的迟到行为进行惩罚，而是可以对他工作中的闪光点进行表扬，并委婉表达出迟到是一个不好的行为。此时他就会产生认知冲突，自动改正经常迟到的行为。

三 职场小锦囊

在工作中，管理者究竟该如何运用反弹琵琶效应来解决员工犯错的问题，真正做到职场不焦虑呢？这里为大家提供三个小锦囊。

锦囊一：谨慎指责缺点，优先赞扬长处

管理者在对员工的不足进行批评前，可以先对对方的优点予以肯定，这样可以降低对方的逆反心理。一个人犯错后，第一反应就是会被批评，这会触发他的一种逆反情绪，如果在这时对他提出批评，很可能受防御机制的影响，下意识对你进行反驳，而不是反思自己。如果你先对他进行肯定，就可以极大地减轻对方的逆反心理，有利于接下来的沟通。

锦囊二：避免直接否定，委婉表达不足

在对他人进行肯定后，委婉对他人的不足之处进行表达也可以降低他人的抵触情绪。在批评时使用开玩笑的语气，既可以降低批评时带来的严肃氛围又可以表达出批评者的诉求，同时更有利于被批评者理解和接受。

锦囊三：产生认知冲突，主动促进改变

制造一些反差，使犯错的员工产生一些认知冲突，员工将自发主动地去改变自己的行为。这种认知冲突破坏了员工的认知一致性，打破了他们舒适、和谐的心理状态，为了使自己的心理重回平衡状态，员工会根据自己的认知，自发改变行为，使行为和认知一致。

四 生活练兵场

苏联教育家苏霍姆林斯基曾经做过这样一件事：一天早上，他发现一位女生在学校的花园里折了几枝盛开的鲜花。苏霍姆林斯基并没有上前批评女生的不良行为，反而十分关切地询问她为什么要折花。这位女生告诉他，奶奶生病了，她想送一些鲜花给奶奶，希望奶奶可以早日康复。但她手中没有钱，所以只能在学校的花园里折花。听到此话，苏霍姆林斯基心生感慨：这是一颗多么真诚而天真、善良的心啊！于是他又赠送给女孩两束鲜花，并对她说：“虽然这些花并不是我的，但我还是要把它送给你，请把一束花送给你的奶奶，祝她早日康复！一束送给你的父母，感谢他们为祖国培养出如此优秀的孩子。”他的做法也让女生认识到采摘公共场所的鲜花是不文明的行为，并主动承认错误。

案例中苏霍姆林斯基为什么不批评女生校园折花的不良行为呢？他在改变女生不良行为时是怎样做的呢？

答案：苏霍姆林斯基之所以不批评折花的女生，是想减轻女生担心要被批评的逆反心理，以便利于接下来的沟通。

随后，他又送给女生两束花是想运用反弹琵琶效应来帮助女生改变她的不良行为。在减轻女生逆反心理的同时，让她自发地感觉到自己行为的不妥，同时也委婉地表达出女生的行为是不对的，帮助女生主动改变不良行为。

第三节　与“我”相关的记忆会更深刻

一　心理大剧场

老刘的记忆之谜

老刘是一名市场营销经理，他平日的工作是负责制订营销策略，与客户沟通，并协调团队完成市场推广活动。每当公司决定推出一项新产品时，都由老刘来领导团队展开市场调研和制订推广计划。

在工作中，老刘发现一个奇怪的现象，就是他更容易记住那些与他个人经验和兴趣相关的市场营销方法。例如：他对某个方案感兴趣或这个方案与他之前参与过某个活动的推广相似，那他就很容易能理解和记住与该活动相关的营销策略，并且对一些细节也能如数家珍。如果他对某个方案不感兴趣或之前没有了解，那他很容易忽视方案的内容，即使方案中有出彩的点，他在介绍时也会时常忘记。

这就使老刘在制订市场推广计划时，更倾向于采用他个人熟悉的策略和方法，而忽视其他的有效策略，因为他更容易理解和记住这些方法，而之所以不使用其他的提案，是因为其中策略与他的个人经验和观点不太相关。久而久之，客户发现老刘的方案总是使用相似的方法，没有创意，所以不再找他进行合作。

二 慧眼识问题

老刘在制订计划时，更倾向于采用自己熟悉的策略和方法，而忽视其他的有效策略，是因为他更倾向于关注自己，所以老刘头脑中在处理与自己有关的信息时更精细，让他对这些信息记忆更深刻、牢固。当出现与这些内容相关的场合时，这些信息更容易从头脑中提取，也就造成上述案例中的结果，这就是自我参照效应。

自我参照效应是指记忆材料与自我相联系时的记忆效果优于其他编码条件的现象，这种优势主要体现在以回忆经验为特征的反应上。后来此效应引申为个体认为自己比较重要，凡事都以自己为中心，忽视与自己无关的信息。例如美国第七任总统安德鲁·杰克逊，他是美国历史上出色的政治家之一。有一次他发现摸自己的右腿没有知觉，第一反应并不是查看自己右腿的情况，而是联想到自己家族的瘫痪性中风史。他面色苍白地说："我得了中风，我的整个右侧瘫痪了。"但当他低下头时发现，他把手放在了别人腿上。

在面对问题时，人们都更倾向于以自己熟悉的方式去面对或解释他。这种“熟悉倾向”的现象不仅出现在安德鲁·杰克逊总统身上，也会出现在我们日常工作和生活中，例如：在公司里，员工整日面对一成不变的工作就会变得机械麻木，但如果工作内容与自己的经历相关就会变得兴致盎然；学生在学习时对那些与自身相关的知识点甚至可以做到过目不忘。

三　职场小锦囊

那在组织当中，管理者究竟该如何利用自我参照效应，更好地制订计划，防止产生职场焦虑呢？这里为大家提供三个小锦囊。

锦囊一：多个角度出发，多维思考问题

尽量从不同的角度去思考问题，要观察事物和任务的多个方面。不要只局限于自己的经验，或只关注自己的观点和想法，而要学会尝试理解其他人的立场和观点。例如：在思考时，要求自己至少从 2 ~ 3 个角度给出看法，这将有助于扩大思维范围和避免以自我为中心产生的偏见，这样可以促进自己多维思维的发展，有利于今后问题的处理。

锦囊二：聆听他人建议，广泛寻求意见

主动寻求他人的意见和建议。通过听取他人的观点和看法，打破自身的视角局限，更全面地了解问题，从而避免根据自己的想法做事，只关注某一方面。例如：在工作时，至少与 1 ~ 2 名同事讨论，看是不是有一些条件或视角是自己没想到的，进而完善自己的方案。

锦囊三：学会自我评估，及时反思总结

学会进行反思和自我评估，思考自己的行为和决策是否受到自身局限的影响。要认识到自己的观点并非唯一正确，甚至有可能是不正确的，探索其他可能性，并考虑它们的合理性和可行性。例如：要求自己在提交方案前，重新审视工作内容，反思在哪些环节可能会受到自我参照效应的影响，并以此来进行调整和预设备案。

四 生活练兵场

小孙是一家科技公司的策划师，一直以来都是以自己熟悉的方式进行工作，即使别人推荐了更简便、高效的方法，他也以“用不惯”为由很少采纳。在他参与的项目中，总是着重考虑自己的想法，结果使项目经常遇到困难和挫折，让共同负责项目的同事颇为不满，最终爆发了冲突，在争吵过程中同事直言道：“你凭什么认为你就是对的？”

这次争吵后，经理找到小孙，在安慰他的同时，也询问了他的工作思路，问他在工作中是否关注了其他同事的建议，而不是局限在自身过去的经验。谈话后小孙意识到自己的做法需要改变。首先，小孙不再以自己为中心，而是尝试使用新的工作方法，从新的角度考虑自己的工作内容，遇到问题时尽量从不同的角度去思考，关注问题的不同方面；其次，小孙积

极主动地与同事进行沟通，询问他们关于项目进展的意见。在制订方案和开展工作时都与他人进行讨论，在他人表达意见和建议时，充分倾听他们的想法，打破自身的视角局限，尽可能全面地了解问题，找到最合适的工作方式；最后，小孙在自己的任务完成后还会进行反思、检查，考虑自己工作的哪个环节会受到自我思维的主导，并根据可能会出现的问题来调整项目方案或者设定备选方案。

在项目开展的过程中，小孙的改变显而易见。他不再以自我为中心，强推自己的想法，而是愿意接受他人的建议和意见。很快这个项目顺利完成，并取得了巨大的成功。小孙也因自己的改变得到领导和同事的认可。

案例中的小孙为什么会出现这些问题？与经理谈话后小孙是如何改变的？

答案：小孙总是以自己熟悉的方式进行工作，是受到自我参照效应的影响。在工作中，他更倾向于关注自己，所以忽略了他人有效、便捷的建议，导致项目发展滞后，与同事产生冲突。

在与小孙的谈话过程中，经理巧妙地运用自我参照效应帮助他认识到自己的问题。小孙在反思后做出改变，他开始多层次、不同角度的思考问题，同时尝试关注问题的不同方面，主动寻求同事的意见，在他人表达意见和建议时，充分进行学习，在工作中的各个环节及时反思、检查，逐渐改正自己以往的工作方式。

第四节　间隔强化，持续高效

一　心理大剧场

有高峰，就有低谷

小赵是公司的一名新员工，平时工作勤奋、积极主动，总是以出色的表现完成任务，同时他还是一个乐于助人的人，他热衷于在内部社交平台上分享自己的专业知识和经验。小赵受到公司领导的重视，公司将小赵评为“新秀之星”。

很快，他的事迹在公司内部做了报道，也鼓舞了其他员工，公司的工作氛围变得更好，员工的工作效率变得更高，领导也非常高兴。

过了一段时间，领导观察到情况发生了变化。与之前相比，员工之间的合作和信息分享明显降低，员工也失去了往日的热情，就连小赵也失去了之前的工作激情。

这样的反差让领导难以接受，领导看着手中的业绩报表，长叹一声：“不是说只要强化就可以提高工作效率吗？”

二　慧眼识问题

领导将小赵评为“新秀之星”并对他的事迹进行宣传，是想运用强化效应来提高小赵和公司员工的工作效率，最终也收获良好的效果。但领导忽略了强化的时效性问题，认为只要一次强化就可以长久受益。其实强化的作用在一段时间后就会下降，所以需要间隔一段时间再进行一次，这样才能保证强化的持续有效，这就是扇贝效应。

个体行为效率呈现出扇贝形曲线的变化趋势，这种现象称为扇贝效应。如果间隔固定的时间去强化该行为，那么该行为效率趋势就像扇贝一样。在心理学上，将实验者奖励某一行为可使这一行为频繁出现的行为称作强化，强化可分为多种方式，其中一种是固定时间强化。美国心理学家伯尔赫斯·弗雷德里克·斯金纳在他的白鼠实验中发现，如果每隔 20 秒就对白鼠强化一次，在强化后白鼠的反应就会发生停顿，反应速度会变快，在下一次强化到来之前反应速度将达到高峰，这说明它学会了根据强化的时间进行反应，它的行为效率就像扇贝一样。

强化可以提高行为的出现频率，但并非一劳永逸，想要强化的行为持续出现，就要每隔一段时间后再次强化，这种强化可以是该行为出现时的表扬，也可以是该行为消失时的批评。例如：当工作中的某一行为受到领导的表扬时，员工会在后续的工作中更努力地重复这一行为，若此时再对员工进行表扬则可以使员工继续保持这一行为；同样，在员工这种行为消失后予以批评，也可以使员工重现这一行为。

三　职场小锦囊

在组织中，管理者究竟该如何善用扇贝效应，提高员工的工作效率，避免因为效率低下导致的职场焦虑呢？这里为大家提供三个小锦囊。

锦囊一：做出及时反应，给予积极反馈

在工作中，及时肯定员工的良好表现。当发现自己的员工表现出良好行为或积极的状态时要及时给予他们一些正向的反馈，肯定他们之前的行为或工作状态。例如：根据员工表现，公司分别可以通过口头表扬、颁发证书、树立标兵、物质奖励等方式给予积极反馈，通过这些手段促进员工正向的行为。

锦囊二：根据时间变化，进行间隔强化

在工作中，根据员工不同的工作效率，可以实行一定间隔进行强化。当发现员工工作效率有所下降时，可以进行再次强化，使工作效率再次提升，而不是在一次强化达到高峰后连续下降。

锦囊三：采取不同策略，灵活运用强化

在管理时，可以根据不同情况和员工特点，采取不同的间隔强化策略。公司可以使用连续的强化，根据周期间隔使用正向激励；在不同周期内交叉使用奖励和惩罚，来增强员工对强化的敏感性，提高强化的激励效果。

四 生活练兵场

小强在工作中积极活泼，但是比较粗心，做事比较莽撞，缺乏责任心，经常犯一些错。经理非常希望他能改掉这些不良行为，因此决定进行一个奖励计划。

经理制订了一个行为改变清单，上面列出希望小强能展现的良好行为。例如认真完成工作、仔细检查方案、主动帮助他人等。每次小强完成一个漂亮的方案时，经理都会表扬他，并且在例会上对他表示肯定。

伴随着经理的表扬，小强越来越主动地做出正向行为。但经理也发现小强的主动性会在此后一段时间内下降。这时，经理再次对小强进行激励。久而久之，经理发现小强的表现呈现一种周期性变化。每当表扬效果下降时，经理就会口头批评对小强做出提醒。最后，小强改变了做事莽撞、粗心等缺点，还培养出乐于助人等许多优秀品质。

案例中的经理为什么要帮小强制订行为清单？在帮助小强做出改变时，经理是怎样做的？

答案：案例中的经理运用强化的手段来帮助小强改变其行为的，通过奖励的方式，促进小强表现良好行为，并不断内化为自己的行为准则。

经理在这里运用扇贝效应来帮助小强，首先对小强的良好行为及时做出反应，通过定期表扬和肯定给予小强积极反馈，对他的行为进行间隔强化；同时经理还在小强主动性下降时对他进行批评，这两种方式体现出经理对强化行为运用的灵活性。

第五节　遇到持续性损失及时止损才是好选择

一　心理大剧场

侥幸心理要不得

周姐是公司的高级经理，主要负责重要项目的策划和执行。她在决策中会考虑各种风险并制订适当的对策，在做取舍时十分果断，深受同事的信任。

初入职场时，周姐参与了公司的一个项目，并为项目制订了一项战略计划，将大量资源和资金投入一个新兴市场中。她对这个市场的未来充满信心。后来，她开始察觉到自己的决策存在一些偏差。

随着项目的进行，周姐注意到其他公司也纷纷进军该市场，并且展现出强大的竞争力，导致这个市场的竞争比她预期的要激烈许多。然而，由于前期已投入大量资金，且周姐对自己的战略决策也颇有信心，她并没有对原计划进行调整。同时，她也存在侥幸心理，认为公司的实力和资源可以帮助自己在竞争中保持领先地位。然而，竞争对手采取更具侵略性的方法，致使本公司的市场份额下滑。她这才意识到最初的决策出现问题，但她仍抱着侥幸心理继续执行原有的策略。

最终，公司在这个市场投资的损失超出她的想象。公司面临严重的财务压力，不得不进行裁员和资产调整。不仅如此，公司的声誉也受到损害，客户和投资者纷纷流失。

二 慧眼识问题

“这个市场的竞争比预期的要激烈许多”。这就是即将出现损失的前兆，周姐已经观察到了，在这种情况下最好的选择就是及时抽身，及时止损，将损失限制在最小的范围内。周姐不愿意接受损失，抱有侥幸心理，忽视客观的市场表现，希望通过加大投入来挽回损失。然而投入的越多，损失的越多，最终为公司带来严重的后果，这就是沉没成本效应。

沉没成本效应指的是一种适应不良的经济行为，具体表现为在某方面一旦投入金钱、努力或时间之后就表现出继续投入的巨大倾向。所以当发现自己背离最初方向，就要马上停止，如果存有侥幸心理，很有可能损失更多。

领导者在决策时要学会放弃，及时主动放弃局部利益而保全整体利益才是最明智的选择。当发现组织的发展背离当初预定的目标时，必须立即止损，不要有任何延误，不要存有任何侥幸心理，否则将会有更大的麻烦，以致造成更加严重的后果。

三 职场小锦囊

当现实发展状况与预期结果出现偏离时，管理者究竟该如何做到及时止损，避免由于决策失误带来的职场焦虑，逃离“鳄鱼”的巨口呢？这里为大家提供四个小锦囊。

锦囊一：承认既定事实，勇于直面错误

正视偏离的事实，承认错误并且不抱怨。没有人是完美的，错误在职业生涯中是难免的。犯错后，重要的是及时调整策略使损失最小化，并寻找新的解决方案。

锦囊二：迅速停止投入，放下沉没成本

沉没成本是已发生、无法回收的成本支出。避免被过去投入的时间、金钱、精力所束缚，不要将这些已经不可挽回的成本作为延续错误策略的理由，要清醒地认识到不能因为已经失去的成本而影响未来的决策，最值得考虑的是未来的风险和回报。

锦囊三：保持积极心态，主动做出改变

面对损失时，大家都会感到沮丧和失望。保持积极心态是关键一步，相信自己的能力和智慧，相信自己可以通过反思和调整从困境中走出来。例如出现损失时，不要纠结于损失多少，而是想想能够挽回多少，积极的态度和自信心将为后续做出取舍提供支持和动力。

锦囊四：分析失败原因，制订改进计划

审视过去的决策，并仔细评估造成损失的原因，汲取教训。修正策略并制订新的行动计划，确保这个计划是有针对性的、可行的，并且考虑当前的情境。

四 生活练兵场

老苏是一家公司的产品经理，他注意到当今时代科技的进步与发展，为了能够跟上科技时代的东风，老苏要求研发部开发一款智能手表。

老苏对这款手表十分重视，他相信只要公司开发的手表足够智能，就一定能够受到消费者的欢迎。因此，老苏在前期投入大量的精力，亲自外出调研，参加设计团队的讨论，最终研制出一款外观精美、功能齐全的智能手表。

然而，当这款产品走向市场时，市场反应与最初的预想大相径庭。消费者对这款智能手表的反应非常冷淡，销售低迷，大家都表示不需要这样的产品，不会购买。

这样的结果让老苏无法接受，他感觉自己的前期投资都打了“水漂”，不肯认输，还抱有侥幸心理，他认为一定是手表还不够智能化，只要自己继续投资研发，让手表更加智能化，就一定能受大家欢迎。于是他让团队继续进行更深度的研发，提升产品的智能。后续的研发投入资金太大，致使公司无法维持日常的运作开销。最终，老苏不得已放弃了这个项目。

案例中的老苏为什么认为只要自己继续投资研发，产品就一定能受大家欢迎？老苏在这种情况下应该处理呢？

答案：老苏认为需要继续投资是抱有侥幸心理，也是不忍之前的投资“打水漂”，受到沉没成本效应的影响。

老苏应该冷静下来，改变先前的侥幸心理，承认之前方向的错误。他要保持良好的心态，积极地寻找解决问题的方法，及时制订新计划。他要明白抱有侥幸心理只会让他在问题的漩涡中越陷越深，及时止损才是脱离“鳄鱼巨口”的唯一办法。

第三编

从"忙碌"到"平衡"的和谐美好生活

第七章

洞察人性的社交指南

第一节　第一印象影响人际交往

一　心理大剧场

第一印象真的重要吗?

赵强和付明同时进入一家大型互联网公司工作。两人均毕业于知名大学，能力出众，才华横溢。但在职场上，他们的发展轨迹却截然不同。

两人第一天上班，赵强想：“今天第一天工作，我要好好把握住这个机会，争取给同事留下好印象。”因此赵强穿衣得体，提前来到公司。他主动与同事打招呼，热情地进行自我介绍，并且给同事们提供一些力所能及的帮助。同事都觉得他是一个积极向上、充满热情的人。

付明想：“穿着并不重要，工作能力和实际表现才是最重要的，只要我能在工作中展现出自己的能力和价值，就可以赢得同事的尊重和认可。”因此他着装随意，看起来很散漫。他没有主动与同事打招呼，只是简单地进行自我介绍，随后安静地坐在了自己的工位上，迅速做起工作。同事对他的印象并不是很好，并认为他可能是一个不易接近的人，不太愿意和他交流。

赵强和付明各自参加一个项目。由于之前赵强给同事留下很好的印象，在项目执行过程中，大家认为赵强能力非常出众，任务也完成得很好。赵强很快得到同事的认可、领导的信任，成为团队的核心

成员。相反，同事认为付明的形象不好，高傲且没有礼貌。即使付明的能力也很强，但同事始终持有怀疑态度，不太愿意与之交往和合作，因此付明还是一名普通员工。

二 慧眼识问题

在上述案例中，赵强和付明做出不同的行为，使得领导和同事对他们有不同的评价和看法。领导和同事对赵强有良好的印象，对付明有不好的印象，因此在工作中，对赵强有更多积极评价，对付明有更多消极评价。所以我们可以看出，第一印象对以后的评价具有十分重要的作用，这就是首因效应的体现。

首因效应是指最初接触到的信息所形成的印象对人们以后的行为活动和评价的影响。简言之，人与人第一次交往中给人留下的印象，在对方的头脑中形成并占据着主导地位，这种效应即为首因效应。该效应最初是由美国心理学家洛钦斯提出。

1957年，洛钦斯用实验证明了首因效应的存在。他杜撰了两个关于学生詹姆斯的生活片段：一个生活片段将詹姆斯描述为热情外向的人，另一个生活片段将其描述为冷淡内向的人，然后将这两个生活片段进行排序组合。第一份资料仅包含詹姆斯外向热情的描述，第二份资料仅包含詹姆斯内向冷淡的描述，第三份资料把詹姆斯热情外向的描述放在冷淡内向描述之前，第四份资料把詹姆斯热情外向的描述放在冷淡内向描述之后。接着把这四份资料分别给四组阅读能力相当的学生阅读，让他们对詹姆斯的性格进行评价。结果发现，认为詹姆斯外向热情的学生比例从高到低依次是第一组、第三组、第四组、第二组。

在日常生活中，我们经常会因为别人的容貌与衣着、表情与体态、语言与行为等对他人产生粗浅的第一印象，进而按照第一印象对他人采取不同的态度与行为。同时，大脑处理信息的特点是：外界信息输入大脑时，最先输入的作用最大，也是首因效应产生的原因之一。

三　职场小锦囊

那究竟该如何善用首因效应，让我们能够给他人留下良好的第一印象，从而做到职场不焦虑呢？这里为大家提供三个小锦囊。

锦囊一：整理仪容仪表，展示良好形象

初次见面时，人们普遍对整洁、得体的外观给予正面评价。因此，注意个人着装和仪态是给人留下良好印象的简单有效方式。例如，在日常生活中，当我们与他人第一次相亲的时候，精心打扮，穿着干净整洁、合适得体的衣服，言行举止恰当，这样就能够明显赢得对方的好感，给他人留下良好的第一印象，进而提高后续进一步交往的可能性。

锦囊二：表现真诚可靠，适度自我展示

在人际交往中，表现出真诚和可靠，能够让人觉得自己是值得信赖的，这也有利于形成良好的第一印象。同时，在交往中适度地展示自身的能力与成就，也有利于深化良好印象。需要注意的是，在展示自我能力和成就时，应该保持谦虚的态度，避免夸大其词或自我吹嘘，以免引发对方的反感。

锦囊三：学会正确倾听，保持积极态度

在沟通中，全神贯注地倾听，避免打断他人话语，摒弃不耐烦的举止，努力站在对方的角度理解其观点和需求，是一种好的沟通方法。同时，秉持积极、开放的态度与人交流，展现出友好、自信的一面，能够有效增进他人对自己的正面印象与好感。

四 生活练兵场

李先生是一家公司的优秀销售代表，由于他能力出众，最近接到了一项重要任务。他将与一家业界知名的大型公司采购经理进行会面，共同商讨一项对公司发展至关重要的合作协议。面对如此重大的任务，会面前几天，李先生陷入深深的焦虑之中。因为是第一次见面，他担心自己给对方的采购经理留下不好的第一印象，进而影响到公司的发展。

为什么李先生格外注意自己给他人留下的第一印象呢？请你为李先生提些建议，使他不再焦虑，给对方的采购经理留下良好的第一印象。

答案：李先生想要给对方采购经理留下良好的第一印象，说明李先生认识到首因效应的重要性。

若想缓解焦虑，李先生可以采取以下方法：首先，李先生可以穿着干净整洁、合适得体的衣服，不要过于华丽或夸张。同时，在整个交往过程中，注意自己的言行举止，避免给人留下轻浮的感觉。第三，正式交谈时，李先生应该展现出真诚与可靠的一面，适度恰当地表现出自己在专业领域具有的能力。最后，在对方发言时，李先生应全神贯注地倾听，避免插话或打断他人。

第二节　近期印象影响人际关系

一 心理大剧场

最新印象真的决定一切吗?

冯亮是一名销售人员，他工作认真负责，深受同事喜爱、领导器重。

然而，在最近一次年终评价中，他的结果并不理想，他的得分远低于个人预期，甚至在团队中排名倒数。他感到十分困惑，他仔细回顾自己过去一年的工作表现，确信自己在大部分时间里都表现得相当出色。他也意识到在进入10月后，由于家中突发的一些特殊情况，他的工作状态确实有所起伏。尽管如此，他认为自己这两个月内的表现并未达到“差劲”的程度，不至于影响全年的评价。

他决定主动找领导沟通，询问评价结果不佳的原因。

领导告诉他：“10月中旬之前你的工作完成得非常出色，给公司做了不少贡献。作为领导，我觉得你是一个非常优秀的员工。但从10月下旬开始，你的工作状态有了明显的起伏，我能感受到你并没有像之前一样全身心地投入工作中。这种变化在最近的几次重要项目中表现得尤为明显。虽然你在项目的初期表现出色，但在关键阶段，你的注意力被其他事情分散，导致项目进展受到了影响。根据你最近的表现，大家认为你没有达到公司要求，因此打了低分。”

听完领导的答复，冯亮知道尽管自己在过去10个月里付出巨大的努力并取得一些成果，但最近1个月的表现不佳却成为大家关注的焦点。

二　慧眼识问题

在上述案例中，因为冯亮最近1个多月的工作表现不佳，大家给出较为负面的评价。这令冯亮十分困惑，合理的评价应当全面考量一年的整体工作表现，而非仅仅聚焦于最近几个月的表现。大家仅凭近期的表现就判定自己工作不努力、态度消极，这样的判断既不合理也不公平。我们可以看出人们对他人的近期印象，对以后的评价具有十分重要的作用，这就是近因效应的体现。

近因效应是指人们识记一系列事物时对末尾部分的记忆效果要优于中间部分的现象。换句话说，近因效应是指在多种刺激依次出现的时候，印象的形成主要取决于后来出现的刺激。在人际交往过程中，近因效应指的是对他人最近、最新的认识占据主体地位，掩盖了以往形成的对他人的评价。该效应最初由美国心理学家洛钦斯提出。

1957年，洛钦斯用实验证明了近因效应的存在。他杜撰了一个名为吉姆的生活片段，并将该生活片段分为两部分：一部分将吉姆描述为热情外向的人，一部分将其描述为冷淡内向的人。他将参加实验的参与者分为两组，先向第一组参与者介绍热情外向的部分，向第二组人员介绍冷淡内向的部分。然后安排参与者做数学题、看故事书等与任务不相干的事情。接着再分别继续向第一组人员介绍吉姆冷淡内向的部分，向第二组人员介绍吉姆热情外向的部分。最后询问两组参加实验的参与者对吉姆的印象。结果发现，两组参与者都对各自后一部分呈现的故事印象深刻，影响了他们对吉姆性格的判断。

在职场工作中，我们经常也会面临这样的情况：领导会根据最近的表现评价员工有没有认真工作，忽略了之前的付出和努力。大多数时候，领导并不是故意为之，而是受到时间和记忆的影响，相比于早期发生的事情，人们更容易记住最近的事件或信息。除此之外，性格特点也有一定的作用。一个开放、灵活的人比具有稳定倾向的人对新信息更敏感，更注重当前的感受和体验，因此更容易被最近发生的事情所影响。

三 职场小锦囊

那究竟该如何巧用近因效应，给他人留下良好的近期印象，从而做到职场不焦虑呢？这里为大家提供三个小锦囊。

锦囊一：创造良好“近因”，积累良好印象

既然近期的消极表现是导致偏见和不良印象的主要原因，那么在日常的生活与工作中，我们每一天都不能放松对自己的要求，都要高效率高质量地完成工作任务，积极乐观地与周围他人相处，给他人留下良好印象。

锦囊二：实行多元评价，确保客观公正

每个人都有状态不佳的时候，我们不能因为一个人一时的状态不佳而忽略他的闪光点，否认他的努力。相反，我们应该通过目标达成情况、工作效率、失误率、工作态度等多角度多方面进行观察，例如：为什么他最近表现不好？他进入公司以来一直都是这样吗，还是因为受到一些偶然事件的影响？他之前工作表现怎么样？只有这样综合地评价他人，我们对他人的评价才是客观公正的。

锦囊三：掌握调节策略，学会控制情绪

通常情况下，当我们处在悲伤、愤怒的情绪状态时，所有人都是自己的“眼中钉”，这时应避免做出不理智的决定。所以，为了避免情绪的干扰，人们可以通过深呼吸、听音乐等方式来调节自己的情绪。等自己的情绪平复后，再做出决定。例如，夫妻吵架时，妻子抱怨丈夫“一无是处”，丈夫埋怨妻子“不可理喻”，双方情绪越来越激动，冲动之下会提出离婚这样的事。明智的做法是争执初现时，双方就应暂时分开，以管理好自己的情绪，防止在情绪失控时做出不理性的决定。

四　生活练兵场

何主管要在小 A、小 B、小 C 中评选一位年度优秀员工。他想：小 A 虽然前两个季度表现优异，但这个月明显表现不佳，最近几天尤为明显，迟到早退，工作频频出错，不能选他；小 B 这一年的工作表现一般，没有特别好也没有特别坏；小C虽然在一、二季度的业绩是倒数，但近期表现有明显的进步。这么一看，小C更适合成为优秀员工。

案例中的何主管对三位员工的评价为什么会有差异呢？这给我们的工作带来什么启示？

答案：何主管在评价员工时，展现出了明显的近因效应倾向。他仅仅基于小C近期工作表现上的一些进步，便给予了高分。相反，由于小A当月的工作表现最差，何主管便毫不犹豫地打出最低分，忽略了两位员工在过去工作中各自的表现。

启示：面对不尽如人意的评价结果，无须过分挂怀，关键在于以此为契机，以后加倍努力。我们应该明白良好近因的重要性，在接下来的每一次工作中都要全力以赴。同时，积极维护与同事及上级之间和谐、融洽的合作关系，通过日常的点点滴滴，不断累积正面形象。

第三节　警惕身边的武器

一　心理大剧场

暴力为何产生?

小张最近和老公吵架了，女方怪对方不通情达理、不收拾家务等，男方怪女方太矫情，没事就找茬，不理解自己的难处。双方大吵一架，小张赌气说离婚，转身就走。男方听到这话说离就离，谁怕谁！并将手边的物品摔到地上。

几天之后，二人和好了。但没过几天，小张和老公又爆发更激烈的争吵。男方一怒之下将手里的手机扔向女方，小张一时之间没有反应过来，被手机砸到了眼角。

冷静下来后，男方意识到自己的错误，态度诚恳地道歉：“对不起啊，老婆，我并不是故意想动手的，我也不知道怎么回事，看到手里拿着东西，生气的时候就不由自主地扔过去了。”

二　慧眼识问题

上述案例中，小张的老公在愤怒情绪的驱使下，注意到周围环境中有手机等“武器”的存在，未经思考便拿起这些东西扔向小张，增加了对小张的攻击行为，这就是武器效应的体现。

武器效应是指武器能增强侵犯行为或暗示行为发生的现象。例如，人在愤怒的时候，旁边若有刀、烟灰缸、玻璃瓶、石头等硬武器，就容易做出攻击他人的行为。该效应最初是由社会心理学家莱昂纳德·伯克威茨提出。

伯克威茨在1978年提出影响深远的关于侵犯的武器效应理论，即人的挫折并不直接导致侵犯，挫折直接导致的是愤怒。愤怒是导致侵犯行为发生的情绪因素，此外还依赖情境、环境的影响，有关的刺激会使侵犯行为的可能性得到增强。为了检验这个理论的合理性，他们设计了一个实验：伯克威茨先让实验助手故意制造挫折情境，激怒被试者，然后让被试者对激怒自己的实验者实施电击。电击时有两种情境：一种是可以看到桌子上放着一只左轮手枪，一种是只看到一只羽毛球拍。结果发现，被激怒的人看到手枪时，比看到羽毛球拍实施了更多的侵犯行为，这说明手枪增强了人们的侵犯行为。

挫折情境、愤怒情绪、周围环境中潜在可转化为攻击手段的武器是武器效应发挥作用的主要原因，这三方面共同增加侵犯行为发生的概率，缺一不可。由此，我们可以想到，在现实生活中，尤其是正处于心理成长关键期的小学至高中学生群体，学校实施严格的管制刀具禁令显得尤为必要。这些学生的心智尚未完全成熟，情绪调节能力相对较弱，同学间因琐事引发争执的情况屡见不鲜。当愤怒情绪在争执中升级，加之周围环境中存在潜在危险物品，在冲动之下，就很有可能发生伤害同学的事件。

三 职场小锦囊

人们在日常生活中，如何巧妙，有效遏制愤怒情绪的滋生，从而减少侵犯或暗示行为的发生，真正做到职场不焦虑呢？这里为大家提供三个小锦囊。

锦囊一：提高自我意识，改变消极认知

人们对生活中不如意事件的消极认知，是导致侵犯行为发生的首要原因。例如面对老板的批评或同事的指责，有人会认为这是一种故意刁难，进而产生愤怒情绪。相反，有人选择忽视或不予过分在意，因此较少产生不满情绪。我们可以从日常生活中的点滴小事做起，不断增强自我认知和觉察能力。每当察觉到自己的思维陷入消极模式时，立即采取行动，主动调整心态，以积极的方式重新诠释情境，从而及时扭转消极认知。例如，当发现自己因为交通拥堵而感到烦躁时，先深呼吸几次，意识到这种烦躁情绪的存在，然后换个角度思考：这只是暂时的，我可以利用这段时间听听音乐或回顾一下工作计划。

锦囊二：学会情绪调节，有效管理情绪

人们在挫折情境下产生的愤怒情绪是触发侵犯行为的重要原因。我们通过学习情绪调节策略，有效管理自己的愤怒情绪，在一定程度上可以避免侵犯行为。当你感到愤怒时，先深呼吸几次，让自己冷静下来；然后尝试换位思考，理解对方的立场和感受；接一来找一项喜欢的活动来转移注意力，如散步、听音乐或阅读等，让情绪逐渐平复。例如，当朋友误解你的意图时，先深呼吸冷静下来，思考并表达自己的真实感受，而不是立即冲动回应。

锦囊三：提升心理弹性，增强自我控制

提升心理弹性，增强自我控制能力，是一种减少侵犯或暗示行为发生概率的好方法。因此，我们可以通过参加系统的课程培训、主动寻求社会支持、增加对身心健康的关注等方面提升心理弹性。通过设置切实可行的目标、培养延迟满足感、增强自我反思等加强自我控制能力。

四　生活练兵场

在一个拥挤的地铁车厢里，小王和小李因为一个座位而不小心发生了碰撞。起初，两人只是互相对视了一眼，各自心中都有些不满，但都没有说什么。随着地铁的行驶，车厢内的乘客越来越多，空间变得更加狭小，两人的身体不时地发生轻微接触，这让他们的不满情绪逐渐累积。

小王注意到小李手中紧握着一个手机壳，这个保护壳边缘较为尖锐，在不经意划过小王的手臂时留下了一道浅浅的红印。

小王觉得小李是故意用手机壳来挑衅他。小李虽然并没有意识到自己的手机壳给小王带来这样的感受，但他也感受到小王态度的变化，误以为小王要采取什么行动。

于是，两人之间的气氛变得紧张起来，几句简单的争执迅速升级为激烈的口角，甚至推搡。周围的乘客纷纷投来异样的目光，但两人都沉浸在各自的愤怒之中，没有意识到自己的行为已经影响到周围的人。

为什么小王和小李之间的冲突会从最初的互不理睬逐渐升级，最终演变为激烈的口角乃至推搡呢？这给我们的人际交往带来什么启示？

答案：小王的想法和行为体现了武器效应的影响，即在拥挤的地铁车厢中，二人的碰撞激起小王的愤怒和不满，手机壳这个看似无害的物品，被小王视为一种潜在的武器，从而引发他的防御心理和反击冲动。

启示：首先，应该从身边小事做起，强化自我认知和自我觉察，改变自己的消极认知，从积极的角度对事件进行重新诠释。第二，通过采取深呼吸、转移注意力等方式缓解自己的愤怒情绪，学会调节自己的消极情绪。

第四节 “爱屋及乌”还是“以偏概全”

一 心理大剧场

一不留神，产生了“一无是处”的认知偏差?

在一家科技公司里，沈东是新入职的软件工程师，他被分配到一个重要的项目团队中，负责开发一个关键的后台功能模块。这个项目对于公司来说很重要。

一开始，沈东对工作充满热情，但由于对项目要求理解不够深入，加上技术上的一个小障碍，他在开发过程中遇到瓶颈。这导致他负责的任务进度滞后，影响了整个团队的进度。

项目经理张总得知这一情况后，立即召会议讨论解决方案。在会上，张总对沈东的工作提出严厉批评，指出他是拖延进度的主要原因，同时还质疑他的专业能力和责任心，这让沈东感到十分沮丧。

会后，尽管沈东加班加点，努力解决问题，并最终在同事的帮助下赶上进度，但张总却认为沈东一无是处、什么都做不好。在接下来的工作中，

每当项目遇到小挫折或需要调整时，张总便会不自觉地联想到沈东之前的表现，甚至在一些与沈东无关的问题上，也会对他产生不信任。

二 慧眼识问题

在上述案例中，因为沈东一次工作的失误，张总便全盘否定沈东，认为沈东一无是处，即使在一些与沈东无直接关联的问题上，张总也不信任沈东，这种仅凭一次失误就全面质疑他人整体能力的想法，就是晕轮效应的生动体现。

晕轮效应是指人们对他人进行认知时，依据个人的喜好得出最初的判断，然后再根据这个判断推论出认知对象的其他品质。该效应是由美国心理学家爱德华·李·桑代克提出。

在日常生活中，我们经常会看到这样一种普遍现象：当女生偶然看到一位外貌出众的男士时，第一反应是这个人长得好帅。倘若这位男士细心地帮她拾起掉落在地上的东西，这份好感便会进一步加深，女生会认为他不仅外貌出众，还很有礼貌。同样在职场上，若某员工业绩不佳，偶尔被领导遇到几次迟到早退，便可能在领导心中形成固化印象：这个员工业务不精，整日浑水摸鱼。

这种认为一个人在某一方面表现出色便全方面优秀，或某一方面不足全盘否定的想法，实际上是一种典型的以偏概全的认知偏差。

这种认知偏差源于我们在评价他人时，所掌握的信息是不完整且有限的。因此我们不自觉地依赖最初印象或片面信息，来对个体做出概括性的判断，从而产生片面且不准确的评价。

三 职场小锦囊

那究竟该如何避免晕轮效应的以偏概全，让我们能够全面客观地评价他人，从而做到职场不焦虑呢？这里为大家提供三个小锦囊。

锦囊一：聚焦具体事件，做到就事论事

对个体某一特定方面的评价泛化到其所有方面是晕轮效应的主要表现。在日常生活中，我们评价一个人的行为或工作表现时，应该针对其某一具体事件或任务，做到就事论事。例如，某人在一次项目中表现不佳，我们的评价应当围绕这次项目的具体内容、准备情况、表达能力等方面展开，而不是将其延伸到该人的所有工作表现或性格特点上。

锦囊二：综合多方因素，避免滑坡论证

古语云："当局者迷，旁观者清。"所以，我们要想全面准确的评价他人，不应该只局限于个人的主观视角，还应该积极倾听并借鉴他人的看法与意见。同时，我们与他人相处时，也应秉持开放的心态，努力了解对方各方面的信息，包括他们的过往经历、性格特点、兴趣爱好、价值观等。通过综合多方面的因素，我们能够更加立体地构建出一个人的形象，避免仅凭片面印象就做出草率的判断。

锦囊三：避免循环证实，加强自我反思

心理学研究证明，我们对他人的偏见常常会不自觉地得到证实。假如我们对某人的印象是消极的，那么我们会更容易注意到他的缺点和不良行为，忽视他的优点和积极表现。这会促使我们愈加关注消极方面，不断加深对某人的负面评价，从而证实和加强对他的负面看法。这告诉我们：与他人进行交往时，要经常反思自己对他人的态度是否正确，避免陷入晕轮效应的陷阱，如果发现不正确，及时进行调整和修正。

四　生活练兵场

洪励是一名刚毕业的大学生，他投了许多简历寻找工作。几天后，有几家公司打电话通知他去面试，他觉得自己离找到工作又近了一步。

一连面试了几家公司，其中一家公司的领导面带笑意，语气温和地同他讲话。他也觉得自己的回答让领导很满意，自己有机会进入这家公司。

最后，他入职了这家公司，恰巧洪励被安排在面试官手底下工作。入职的前几天，面试官展现出极大的耐心与和善，即便面对洪励的失误，也并未给予过于严厉的责备。随着和领导接触时间的增加，他逐渐发现这个领导并非外表看起来那么和善。一旦有员工的工作表现不符合其要求，领导便会严厉批评员工。此外，领导还倾向于分配其他的工作任务，这些任务往往要求员工牺牲个人时间，需要加班加点才能完成，这无形中给员工增加了工作压力。面对这样的工作环境，洪励逐渐感到疲惫，他为自己之前的盲目乐观而感到自责。

为什么故事中的洪励会感到自责？洪励的故事带给我们的生活带来什么启示？

答案：洪励在参加公司面试的时候，看到面试者面带微笑，语气温和，便认为面试者很好相处，进而对自己在该公司的未来持乐观态度。这种基于单一正面印象而全面肯定对方及自身未来可能性的心理现象，恰恰是晕轮效应的体现。在与面试者的进一步接触中，洪励逐渐发现了他的另一面，这让他意识到自己先前对面试者的认识不够全面，由此感到自责。

洪励的经历给我们提供了宝贵的启示：在人际交往中，首先，我们评价一个人时，应该秉持就事论事的原则，避免将对他人某一方面的积极或消极评价泛化到其所有方面；其次，在评价他人时，我们应该综合考虑多方面的因素，包括倾听别人的意见或建议等；最后，我们要加强自我反思，从而努力减少晕轮效应的发生，以更加全面和公正的态度去认识他人。

第五节　好人如何变成"坏人"

一　心理大剧场

温柔家长变成"虎妈"

邹萍是一位公认的温柔母亲，平时对待孩子总是耐心细致，从不大声呵斥。自从孩子上小学后，每晚的家庭作业时间变成她最头疼的时刻。孩子常常在写作业时分心、拖拉，难以抵挡周围环境的诱惑，一会儿摆弄文具，一会儿又被窗外的声响吸引，作业进度缓慢。

邹女士在辅导孩子作业的过程中发现自己的情绪也悄然间发生变化。原本轻声细语、耐心十足，渐渐变得不耐烦起来，最终竟变成严厉的斥责。在某些情绪激动的瞬间，她甚至会不由自主地用手拍打书桌以示警告。这种变化让李女士自己也感到惊讶，她不明白为何自己会从一个温柔的母亲变成"虎妈"。

二 慧眼识问题

在上述案例中，邹女士辅导孩子写家庭作业时，她的身份有了一定的变化，即当她被赋予“监督者”或“督促者”的角色时，往往会自觉地遵循这一角色所隐含的规则和行为方式。当孩子未能按照预期完成作业时，会被视为对家长权威的挑战和蔑视。为了维护自己的权威和确保孩子完成任务，家长就会采取更加严厉的措施和强硬的态度，这就是路西法效应的生动体现。

路西法效应是指受到特定情境或氛围的影响，人的性格、思维和行为方式表现出的不可思议的一面，甚至是恶的一面。路西法效应最初是由社会心理学家菲利普·津巴多提出的。

菲利普·津巴多通过实验证明路西法效应的存在。在实验中，研究者招募了一批身心健康、情绪稳定、遵纪守法的年轻人，将他们随机分成两组：一组犯人和一组监狱看守，还有部分学生作为替补。在教学楼地下室改造的监狱中，看守们配发警棍、警服、墨镜等；犯人们被真正的警察从家中逮捕，换上囚衣、戴上手铐，使用数字代表身份。所有人从相安无事到渐渐投入自己的角色，看守开始折磨、羞辱挑战自己权威的犯人，变得残暴不仁；而犯人们从挑战逐渐变得服从、恐惧甚至心理崩溃。实验开始就有人退出，最后局面完全失控，预计两周的实验在六天后被迫中止。

通过这个实验，我们发现“好人”变成“坏人”的条件主要有以下几个方面。第一，特定的社会情境。这种环境会显著影响个体的行为和思维方式。在模拟的监狱环境中，看守和囚犯的角色划分以及相应的权利和义务使人们更容易进入角色，并按照角色的要求去行动。第二，社会角色的认同。在特定情境中，个体往往会自觉地遵循所赋予角色的行为准则，遵循着既定的“剧本”。看守逐渐增强对囚犯的严格管理与惩罚的正当感，而囚犯则逐渐内化其被管理的地位。第三，从众心理。当个体置身于某个群体之中时，其行为往往趋向于与群体保持一致，以获取归属感和安全感。

这种心理倾向不仅削弱个人责任感，还可能加剧情绪的极端化。在特定群体中，个人的行为很容易受到群体氛围的影响，从而表现出与平时截然不同的行为。第四，对权威的服从。与囚犯相比，看守拥有更高的权威性，更容易对囚犯施加影响与控制。

三 职场小锦囊

那究竟该如何应对路西法效应的消极影响，避免做出威胁社会、伤害他人的行为，从而表现出更多的亲社会行为，做到职场不焦虑呢？这里为大家提供三个小锦囊。

锦囊一：增强自我意识，培养批判思维

增强自我觉察，保持对自我行为的清醒认识，定期反思自己的行为是否符合道德标准，及时发现并纠正潜在的负面行为倾向。同时，自己应该培养批判性思维，不盲目接受外界信息或群体压力的影响。在面对复杂情境时，能够理性分析、判断并做出正确的决策。例如，当社交媒体上报道某重大热点事件时，第一反应是不要盲目听从大部分人的选择，不要盲目发言，而是独立思考，理性分析、判断。

锦囊二：坚守道德标准，强化个人道德

“道德是社会的基石，价值观则是人生的指南针”，这句话强调道德及价值观的重要性。因此，在日常生活中，我们应该积极利用思想政治教育等途径培养和深化正确的道德信念和价值观。在面临道德困境时，能够坚持原则，不轻易妥协。例如，在公共场所看到有人乱扔垃圾，周围的人可能视而不见，但自己仍要主动上前捡起垃圾并投放入垃圾桶。

锦囊三：面对道德困境，寻求社会支持

在面对道德困境时，我们应当勇于寻求社会支持，主动与同事、亲属、朋友沟通交流，倾听他们从不同角度给出的建议与看法，从而更全面、更理性地审视问题。通过集思广益，我们能够避免孤立无援的决策困境，共同探索出更好的解决方法。

四 生活练兵场

徐薇毕业于一所知名大学的能源工程专业。大学期间，她表现优异，获得多个学术奖项。毕业后，她顺利进入一家能源公司，开始了自己的职业生涯。在工作岗位上，她对待工作一丝不苟，无论任务大小，总是全力以赴，力求完美。凭借着高质量的工作和不懈的努力，徐薇不仅赢得上级领导的赞扬，更在同事中树立起良好的口碑，获得大家的一致认可与尊重。

由于徐薇工作表现优异，她得到领导的青睐并被提拔为副经理。起初，徐薇依然保持着以往那种认真负责、亲力亲为的工作模式，深得团队成员的信赖。时间一久，位置的提升悄然影响她的行为方式。徐薇逐渐将部分工作任务分配给下属，这在一定程度上增加了下属的工作负担。当下属辛勤付出、协助她完成任务后，她未能将奖金公平地分配给这些下属，而是更多地留在自己这里。后来为了进一步提升个人业绩，徐薇开始采取一些不道德甚至不合规的手段。她会暗中窃取同事的劳动成果，以此作为自己的业绩亮点；在团队项目中，她表现出敷衍了事的态度，甚至推卸本应承担的责任，将个人利益的追求凌驾于团队和企业的整体利益之上。

案例中原本正直的徐薇为什么会变得自私，甚至做出不道德的行为呢？请给徐薇提些建议，帮助她纠正这种错误。

答案：从普通职员到副经理，徐薇的职业身份实现了提升，伴随这一变化的是地位与权力的提升。这种身份与环境的转变，使得徐薇的思想、行为模式发生变化，表现出与之前截然不同的行为，这就是路西法效应在职场中的体现。

若想减少职场中的不道德行为，她可以采取如下方法；第一，提高自我意识，增强自我觉察，培养批判思维。要意识到剽窃其他同事的工作成果、不公平对待同事的行为是不道德的，不能采取这种方式提高个人绩效。第二，坚守道德和正确的价值观，不要被一时的职务晋升、奖金所吸引，勤恳做好本职工作，脚踏实地，努力工作才是根本。

第八章

亲子教育的心理秘诀

第一节 期待就是一种力量

一 心理大剧场

在爱和期待中浇灌花朵

刘刚是个不善言谈的男生，平常沉默寡言，只是埋头干活。六年级一开学，老师便让大家抽签当小组长。结果刘刚抽中了一组组长，可是组员都觉得刘刚性格内向，做不好这个工作。刘刚内心也忐忑不安，回到家后跟父母说了这件事。

刘刚的妈妈笑了笑说："儿子，先帮妈妈把菜端过去。"刘刚把晚饭端到饭桌上，又摆上碗筷，等到父母都坐下后，他才开始吃饭。妈妈说道："儿子，你看你在家干活多麻利，爸爸妈妈工作忙，你从小就学会了照顾自己和身边的人，多能干啊！"刘刚的爸爸也在旁边说："是啊，我儿子手脚利索，懂事又聪明，比爸爸都贴心呢。"刘刚听了父母的夸奖，不好意思地低下头，内心的阴霾也一扫而光。爸爸妈妈继续说道："儿子，每个人都有独特的性格，不爱说话不代表没有能力，爸爸妈妈一直觉得你是很优秀的，你有许多别的小朋友没有的优点，所以千万不要被别人的言论影响，你是最棒的！"后来，每当刘刚难过的时候，爸爸妈妈都会从身边细节处夸赞刘刚，让他对自己充满信心。于是，刘刚在学校遇到困难的时候，都会想到爸爸妈妈对自己说的话，他也会告诉自己："我是最棒的。"

就这样组员逐渐被刘刚认真负责的个性所吸引。刘刚在期末的时候不仅获得了好成绩，还得到了"最佳组长"的荣誉称号。

二 慧眼识问题

在上述案例中，刘刚由于性格内向的原因，在同学里并不受欢迎。当他跟父母说出这件事后，父母选择了鼓励，不停地让刘刚做一些力所能及的事情，以此建立他的自信心。在父母的赞美呵护下，刘刚逐步增强信心，也改善了和同学们的关系。受到其他人的暗示和影响，从而改变自己的表现的现象就称作皮格马利翁效应。

皮格马利翁效应也称作期望效应，指个人的表现会受到其他人（特别是权威人士）的暗示和影响，当然也会受到自己的暗示和影响，也就是说我们会被影响，成为他人或自己所预期的样子。例如，你觉得自己会失败，你就会失败；你觉得自己会成功，你就会成功，即“自我实现预言”。

1968 年，美国心理学家罗森塔尔曾做过一个有趣的试验：他对一所小学中 6 个班的学生成绩发展做预测，并把他认为有发展潜力的学生名单用赞赏的语气通知校长和有关教师，并再三叮嘱要对名单保密。实际上，这些名单是他随意写的。8 个月后竟出现令人惊喜的现象：名单上的学生，个个学习进步，性格开朗活泼，求知欲强，与老师感情笃深。原来，这些教师得到权威性的预测暗示后，便开始对这些学生投以信任的目光，态度亲切温和，即使他们犯了错误也相信他们能及时改正。正是这种暗含的期待和信任使学生增强了进取心，使他们更加自尊、自爱、自信和自强。这种由于教师的期待和爱而产生的效应，罗森塔尔将这种心理现象称为皮格马利翁效应。

三 生活小锦囊

在职场和生活中，我们该如何恰当利用皮格马利翁效应，正确帮助他人和自我建立信心，真正做到职场不焦虑呢？这里为大家提供三个小锦囊。

锦囊一：不要吝啬表达，树立人本理念

皮格马利翁效应是一种人与人之间无言交流的结果。这个结果的形成首先要求作为影响者应把被影响者看作是“人”，而不是“物”。一个优秀的企业领导，只有做到让企业全体职工认识到自己存在的价值，注意鼓舞员工积极性及挖掘企业职工的工作潜能，即“重视人的开发和利用”，其事业才能有所发展。同样，在家庭中，只有不吝啬地表达关心和爱护，才能让孩子保持良好的身心状况，健康成长。

锦囊二：给予生活期待，积极引导价值

虽然皮格马利翁效应证明期待与爱有积极作用，但我们不能完全将其置于首位。这是有条件而不是随意发生的。除了爱与期待，我们还需要价值的引导、知识的建构、情感的熏陶、心灵的滋养。就像简·尼尔森指出正面管教是一种既不严厉也不骄纵的方法，它是一种和善与坚定的方式，在孩子自我控制力的基础上，培养孩子的各项机能。生活中需要爱，也需要规则与底线。生活中过分强调期待与爱的直接作用和影响，也会造成很多不良后果。

锦囊三：不要负向预测

在教育孩子的过程中，父母不要对孩子进行语言暴力，例如用“你真笨”“你真是不听话”“你天天不写作业，只知道玩”这类话语。语言的力量是巨大的，当孩子心中将自己与这些话语形成连接，久而久之也会向着这些话语靠近。

四 生活练兵场

刘甜的父母去年双双外出打工，剩下她和奶奶留在老家。刘甜一直是个学习成绩中等偏上、文静有礼貌的女孩子。老师在办公室提起她也都是赞扬的话语，刘甜的文笔很好，也爱阅读，有时课下也会看小说。有一次，刘甜因为沉迷于一本小说而在课堂上偷偷翻看。老师课后找到刘甜的奶奶，向她说起这个事情。没想到，刘甜的奶奶以为刘甜犯了很严重的错误，认为她是上课不好好学习，每天都看小说。于是刘甜的奶奶便经常在家训斥刘甜，刘甜一开始还会跟奶奶解释自己的情况。然而，随着奶奶的训斥越来越多，刘甜感觉自己已经不在意了。后来她经常上课看小说，老师讲课的时候，她有时候还趴着睡觉……

为什么刘甜会发生这样的变化？我们可以得到什么教训？

答案：因为奶奶的教育属于负向使用皮格马利翁效应，奶奶对刘甜的指责，实际上也是一种心理暗示。因此，在生活中，我们要学会恰当利用皮格马利翁效应，要不吝惜表达对他人的赞美，但同时也要把握好分寸，在适当的时机进行客观评价，注意规则和底线。

第二节　适当给绳子松松绑

一　心理大剧场

面对“弹簧”，不如“服软”

最近，武姐非常苦恼，自己的儿子刚升初一，处处不适应，俩人在家里已经不知道吵了多少次。武姐十分苦恼，只得求助同事，同事听到这事，一针见血地指出：“你越是和他较劲，他越不会听你的，不要用命令、要求的语气和他说话。孩子大了，有想法了，你也要跟着变。”和朋友聊完后，武姐想了很久，决心做出改变。

次日，武姐就起个大早，做好早饭并告诉儿子说："妈妈今天要早点去单位，你收拾好后自己去上学吧。"虽然武姐非常担心他迟到，但还是选择早走。下班后，武姐也没有像过去一样问他学习的事，而是说完成作业后可以出去玩一会儿，放松一下也好。就这样武姐尝试了一个月，儿子果然也变了。一次考试后，儿子主动和武姐聊学习，把半个学期以来遇到的困惑、学习上的压力、与同桌暗暗较劲的心思都讲了出来。原来他不是不想学习，而是上了初中后，环境变了，心态也变了。自己有时会莫名其妙地感到烦躁，学不进去时，就很容易胡思乱想。"妈，以前你一跟我提学习，我就很生气，觉得你只关心我考得怎么样，完全没关注过我的心情。这段时间你不再问了，我觉得很轻松，觉得你还是那个爱我的妈妈，所以我决定和你分享下内心的想法。"武姐听完儿子的话，内心非常触动，庆幸自己做了改变，重新赢回了儿子的心。

二 慧眼识问题

在上述案例中，自从儿子上初中后，武姐就感觉那个对自己百依百顺的儿子完全换了个人，取而代之的是性情暴躁的儿子。一开始武姐很难理解这种改变，直到听了同事的建议，尝试不和儿子硬碰硬，而是以柔克刚，不再追问成绩，而是关心他的情绪，这样反而能够和儿子心平气和地相处。像武姐和儿子之间出现的这种"你越说，我越反抗"的人际互动就叫作海格力斯效应。

海格力斯效应通俗来讲就是以其人之道还治其人之身，你跟我过不去，我也让你不痛快。这是指一对一的人际互动。这是一种人际间或群体间存在的睚眦必报、致使怨恨越来越深的社会心理效应。

希腊神话故事中有位英雄大力士叫海格力斯，一天，他走在坎坷不平的路上，看见脚边有个像鼓起袋子的东西，海格力斯便踩了一脚。谁知那东西不但没被海格力斯一脚踩破，反而膨胀起来，并成倍地加大，这激怒了海格力斯。他又操起一根碗口粗的木棒砸向它，它竟膨胀到把路也堵死了。海格力斯也无可奈何，正当他在纳闷之时，一位智者走到他跟前说：“朋友，快别动它了，忘了它，离它远去吧。它叫仇恨袋，你不理会它，它便会小如当初；你若侵犯它，它就会膨胀起来与你敌对到底。”仇恨正如海格力斯所遇到的这个袋子，开始很小，如果你忽略它，它会自然消失；如果你与它过不去，怨恨于它，它会加倍地报复。这种“以眼还眼，以牙还牙”“以其人之道还治其人之身”“你跟我过不去，我也让你不痛快”的心理现象便是海格力斯效应。

三　生活小锦囊

在职场和生活中，我们该如何做，才能有效避免海格力斯效应，真正做到职场不焦虑？这里为大家提供三个小锦囊。

锦囊一：学着包容错误，尝试以退为进

面对孩子的错误和叛逆，当家长的教育不管用时，不妨试试以退为进，用宽容和耐心对待孩子的行为。正是因为家长太关注和重视自己的孩子，才容易对孩子的言行斤斤计较，希望孩子的一举一动、一言一行都能够合乎规范。这样的期待对孩子来说是一种巨大的压力，孩子很难做到，他们会通过叛逆来表达自己的不满，来宣告自己的主权。最后的结果就是，孩子的行为没有得到纠正，还对家长心存芥蒂。孩子的成长是一个过程，犯错是不可避免的。家长要多给孩子一些包容和耐心，孩子也会更加愿意接受大人的建议，进而更快更好地规范自己的行为。家长和孩子之间才能形成良性互动，避免海格力斯效应的出现。

锦囊二：宽容大度，保持理智情绪

很多人为了所谓的仇恨，一辈子或者很长一段时间里都在寻找报复的机会，以至于将自己最美好的时光都浪费在丑陋的仇恨之中。当某人对一件事情或者一个人心怀仇恨，并且这种心理一再膨胀的话，他就会将这种意识强加到自己所能见到的、接触到的事情和人身上，最终自己的心理也产生扭曲。人生在世，人际间、群体间的摩擦、误解乃至纠葛、恩怨总是不可难免，如果肩上扛着“仇恨袋”，心中装着“仇恨袋”，生活只会是如负重登山、举步维艰，最后，堵死自己的路。

锦囊三：适当添加压力，培养抗挫能力

弹簧效应也告诉我们，孩子的抗挫折能力是可以训练出来的，是具有很大的伸缩性的，在弹簧的压力范围内，父母训练得法，孩子就能爆发出很大的潜力，战胜一个又一个的困难。相反，如果遇到压力就退缩，不敢触碰弹簧，那也很难期待孩子的潜力开发出来。家长对孩子的抗挫折教育应视具体环境变化以及孩子的心理承受能力而定，不能无限加压，也不能浅尝辄止，家长要把握好具体的分寸。

四 生活练兵场

多年前英国发生了一起案件：华裔丁先生一家四口惨遭灭门。案件之所以让人们触目惊心，还因为警方破案后发现，凶手竟是丁先生一家的老朋友杜某。是什么样的仇怨会让朋友之间起了如此险恶的杀心呢？原来丁、杜两家合伙开一家药店，本意是为让杜某夫妻能有稳定的工作，保住签证。后来丁先生发现杜某在药店作假账侵害自己的利益，甚至还违法逃税，丁先生多次劝阻，无效后便欲将杜某一家告上法庭。杜某害怕事情闹大影响签证，放低姿态与丁先生和解。躲过这一劫后，杜某终于拿到签证，却又对丁先生当初的做法怀恨在心，设计诬告丁先生作为雇主拖欠他 3 万英镑的薪水。丁先生请来业务能力很强的律师朋友鲍尔。杜某情急之下又起诉律师鲍尔，但这次面对高手他失败了，不但没有赢得官司，还欠下8万英镑的律师费。

杜某偷鸡不成反蚀把米，转眼间欠下巨额债务，他把造成如此困境的一切原因都归结到丁先生一家身上，在仇恨的支配下他铤而走险，杀害了丁先生一家。

为什么会发生如此惨案？我们从中应汲取什么样的教训？

答案：杜某是陷入海格力斯效应的陷阱，面对失败，就将错误归结到丁某身上，选择更加错误的方式报复丁某，最终弹簧的反弹力越来越大，杜某误入歧途，酿成大祸。因此，在工作和生活中，我们要注意和他人交往沟通的方式，要时刻保持理智，在处理事情的时候尽量宽容大度一些，不要钻牛角尖，同时也要学会放下仇恨，不要将自己最美好的时光都浪费在丑陋的仇恨之中。

第三节　积极利用已有资源

一　心理大剧场

从抗拒到热爱的转变

周末刘先生全家一起逛街，路过一家少儿编程店，店员很热情地向刘先生介绍起编程课，听完店员对课程的介绍后，刘先生决定给小桐报名编程课。没想到，小桐一个劲地喊：“不要！我不要上编程课！”刘先生只能先带妻儿离开，临走时，他向店员留了联系方式，说道：“过段时间我带孩子来上课。”店员心里一紧，又走掉一个客户，很多家长都说过段时间回来报名，不过是拒绝的说辞罢了，店员没把刘先生的话放在心上。没想到，几周后刘先生真的带孩子来报名编程课，而且令店员吃惊的是，这一次小桐主动询问关于编程课的内容。报完名后，店员不禁疑惑地问刘先生究竟用什么方法让孩子对编课程感兴趣。

刘先生笑了笑说道，自己是工科毕业的，对于机器方面的知识多少都会有所了解。回家后刘先生就买了几个机器人的玩具放在家里。每次家里有客人来的时候，客人看到这些东西，就问小桐是不是学习了编程，做的东西很不错。一开始，小桐都会说这些不是自己做的。久而久之，小桐就逐渐开始自己摸索，主动问一些有关编程的知识，对于来上编程课也不是很抗拒了。店员听完刘先生的话，直夸刘先生教育有方。

二 慧眼识问题

在上述案例中，小桐对编程课不感兴趣，刘先生开始逐渐往家里买有关编程的玩具和机器人。随着越来越多来家中做客的人问起小桐机器人的来历，小桐慢慢产生了学习编程的想法。像小桐这样，原先没有学习编程的想法，在家中添置机器人等与编程有关的玩具后，逐渐产生了想要了解编程的想法，这一过程叫作鸟笼效应。

鸟笼效应是常见的心理现象之一，指人们会在偶然获得一件原本不需要的物品的基础上，继续添加更多与之相关自己不需要的东西。后人将其引申为找到一个合适的“鸟笼”，进而促使自己去做一件原本并不想做的事。提出者是近代的心理学家威廉·詹姆斯。

1907年，詹姆斯从哈佛大学退休，同时退休的还有他的好友卡尔森。一天，两人打赌，詹姆斯说：“我会让你不久就养上一只鸟的。”卡尔森不以为然：“我不信！因为我从来就没有想过要养鸟。”

没过几天，恰逢卡尔森生日，詹姆斯送上了礼物：一只精致的鸟笼。

卡尔森笑了：“我只当它是一件漂亮的工艺品。你就别费劲了。”此后，只要客人来访看见书桌旁那只空荡荡的鸟笼，都会无一例外地问：“教授，你养的鸟什么时候死了？”卡尔森只好一次次地向客人解释：“我从来就没有养过鸟。”这样的回答换来的却是客人困惑和不信任的目光。无奈之下，卡尔森教授只好买了一只鸟。

三　生活小锦囊

在职场和生活中，我们应如何更好地利用鸟笼效应，同时减少鸟笼效应的束缚，更好地实现我们的目标，真正做到职场不焦虑呢？这里为大家提供三个小锦囊。

锦囊一：综合看待事情，多面合理考虑

很多时候，我们都身处鸟笼之中，自己却不知道。这就是俗话说的“当局者迷，旁观者清”。在工作和生活中，可以减少一些不必要的行动，多增加一些有效的思考，看待事情的时候要考虑它的两面性或者多面性，多思考其合理性，然后遵从自己内心的声音。让自己的生活不再被隐形的鸟笼所束缚。

锦囊二：尽量接触事物，积极利用资源

其实，“鸟笼”也可以更广泛地理解为环境或资源。例如在公司的茶水间可以多放一些资料图书，让员工多接触丰富的资源，也能够在他们的心中增加无形的“鸟笼”，不自觉地进入浓厚的学习氛围中。

锦囊三：保持客观分析，学会逆向思维

在工作生活中，我们要学会逆向思维，不能被惯性思维所左右，这样在面临一些抉择时，才能够保持客观地分析问题，而不是随着惯性思维，将鸟笼与鸟当成必然的联系。在面对质疑和提问时，要保持明确的判断和清晰的认知。

四 生活练兵场

随着孩子逐渐长大，学习对于孩子来说变得越来越重要。李欢对孩子十分忧心。原来，女儿凤凤自从上了小学一年级，上课经常跟不上，新的环境模式很难适应，孩子不敢回答老师的问题，上课容易走神，李欢为此十分苦恼。

为了让凤凤喜欢上学习，李欢还帮孩子报了补习班，找了有经验的老师在课后辅导她，希望可以改变她的不良习惯。可是好景不长，只要老师没有在身边，她就不会写作业。后来经过李欢的仔细观察，她发现凤凤其实并不是不适合学习，而是没有兴趣。

于是李欢想出一个办法，让凤凤在情景中学习。她找了许多动画片的视频资料和一些朗朗上口的诗歌儿歌，这些对凤凤的吸引力还真大，凤凤不仅看得津津有味，还能够跟着屏幕互动。

凤凤的学习成绩开始逐步提高，课堂上也能和老师对话交流了。李欢感慨道，孩子不是不学，而是兴趣不够，打破思维惯性，不再将学习局限于课堂，提升孩子对学习的兴趣，才能更好达到目的。

案例中的李欢是如何巧妙利用鸟笼效应帮助凤凤提升成绩的呢？我们可以从中学到什么？

答案：李欢找了许多有关学习的动画片资料以及儿歌，很好地吸引了凤凤的注意力，让凤凤在不知不觉中爱上学习。因此，在生活和工作中，我们一方面可以巧妙利用身边的资源，提升自我，另一方面也要客观看待问题，不要被鸟笼束缚，学会逆向思维，不被惯性思维所左右，在面临一些抉择时，保持清醒，客观地分析问题，而不是随着惯性思维，将鸟笼与鸟当成必然的联系。

第四节　警惕孩子身边的那些“甜蜜陷阱”

一　心理大剧场

我们为何“愈快乐，愈空虚”？

小董是一位名校的优秀毕业生。在校期间，他不仅成绩斐然，而且还拥有广泛的兴趣爱好，他的大学生活过得既忙碌又充实。

踏入社会后，他发现自己的时间逐渐不再受自己支配：白天忙于工作，偶尔还加班，晚上回到家后，还要处理家中的琐事。在难得的空闲时间里，疲惫不堪的他只想躺在床上刷短视频者或看一看电视剧。书架上的书早已积满灰尘，心爱的吉他也被他放到地下室。

小董并非没有想过重拾旧爱，但每当他拖着疲惫的身躯回到家中时，他的第一选择仍然是躺下，甚至熬夜追剧。这常常让他感到无比空虚，工作状态也大不如初入职场时。

一天晚上，他看到孩子的语文成绩竟然刚刚及格，便问道：“你怎么不好好看书呢？”儿子嘟囔着回答：“书上字太多了，没意思。我还是喜欢看那种一段只有三四行，情节特别有趣的网络小说。”

“那你觉得有收获吗？”小董追问。

“好像……没有，但是爸爸，我真的看不下去那些经典名著，太枯燥了。再说，你不是也喜欢刷短视频吗？你觉得有收获吗？”

面对儿子的反问，小董无语。

二 慧眼识问题

在上述案例中，小董为何沉默？想必大家已经能够给出答案：一方面是因为小董自己没有以身作则给孩子做好的榜样，另一方面也是在疑惑那个曾经热爱阅读和音乐的自己为何消失了呢？究其原因，或许正是由于自己长期沉迷于日常生活中那些即时的、毫无营养的“电子垃圾”中，进而放松了对自己的要求，陷入“奶嘴乐效应”的陷阱中……然而，小董并非当今时代偶然的个例。

1955年，美国旧金山举办了一个集结全球500多名政商界精英的会议。精英们一致认为，未来世界将有20%的人占有80%的资源，而剩下的80%的人会被边缘化，进而导致社会冲突。

那么该如何解决这一问题呢？

美国著名战略理论家兹比格涅夫·布热津斯基提出了奶嘴乐理论。他指出解决贫困人群不满的方法只有一个，那就是给他们嘴里塞一个“奶嘴”，安抚他们的情绪。虽然这并不会从根本上解决问题，但至少不会引发较严重的阶级冲突。这里的“奶嘴”包括两种产业，一种是影视剧、游戏等“发泄性产业”，一种是娱乐节目、明星八卦等“满足性产业”。只有这样，穷人的时间会被挤满，沉浸于这种低级、廉价且不劳而获的快乐中欲罢不能，也就自然不会对枯燥的学习和工作产生兴趣，最终失去独立思考的能力，沦为媒体舆论的墙头草。这就是著名的奶嘴乐效应。

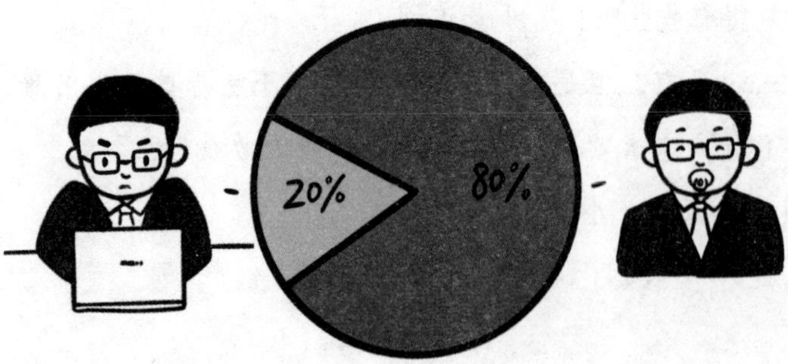

回到现实生活中，我们会发现这种现象无处不在：在大街上、公交车上、电梯里……随处可见低头玩手机的人；在家里，大人们拿着手机，孩子们抱着 iPad，也是再正常不过的事情。久而久之沉迷于此，家庭间会错失很多沟通与交流的机会，孩子也会由于长期生活封闭而阻碍社交能力的发展。

三 职场小锦囊

那究竟该如何避免自己与孩子陷入奶嘴乐效应的快乐陷阱中，让自己和孩子真正在自由时间里得到充足的休息，做到工作与生活相平衡，职场不焦虑呢？这里为大家提供三个小锦囊。

锦囊一：制订自律计划，迈向自由人生

自律才能自由。若想摆脱“奶嘴陷阱”，首先要做的就是建立一个可以严格执行的日常作息计划。父母可以规定自己在饭后与家人一起外出散步一小时，回到家后再进行各自的事情。对于孩子，父母可以规定具在周末使用电子设备的时间长短，以及每周必须要进行的阅读任务等，并设立奖惩机制，严格执行。

锦囊二：培养健康兴趣，塑造独立人格

家长可以为孩子选择其感兴趣且有价值的兴趣班、特长班，如舞蹈、声乐、书法等，让孩子在兴趣的驱动下进行爱好的培养。在现实世界中可以找到成就感、价值感、意义感，他们就会较少地选择沉溺于虚拟世界的快乐中，从而培养出独立思考能力与良好的人格特征。

锦囊三：转变接收思维，成为输出大师

细细想来，“奶嘴乐理论”的核心在于失去了主动思考的能力，成为信息的接收者。解决这一问题的关键在于转变思维，让自己从“内容接收者”转变为“内容输出者”。我们不妨利用一些途径来让孩子成为“内容输出者”，例如可以让孩子参与编程设计大赛、服装创意大赛、英语演讲比赛、小说创作大赛等，培养孩子“主动输出”的思维能力，让其获得更高级、更持久的成就感、价值感和幸福感。

四 生活练兵场

在一个充满活力的小镇上，李明一家是众所周知的和谐家庭，夫妇二人为儿子小杰打造出一个既有规划又充满乐趣的成长环境。

首先，他们制订出详细的家庭自律计划——“自由时光表”。每天晚饭后，全家人都会放下手中的电子设备，手牵手外出散步一小时，享受自然的宁静与家人的温馨时光。回到家后，各自回归学习或工作。

同时，李明夫妇观察到小杰对绘画有浓厚的兴趣，于是为他报名了少儿美术班。在艺术的熏陶下，小杰不仅技艺日益精进，还学会从生活中寻找灵感，创作出一幅幅充满想象力的作品。这不仅让他在现实世界中找到成就感，也让他逐渐远离虚拟世界的诱惑，培养出独立思考和解决问题的能力。

为了进一步锻炼小杰的能力，李明夫妇鼓励他参加学校的“小小作家”创作大赛。在比赛中，他的作品脱颖而出，获得大赛的一等奖。这次经历让小杰深刻体会到“输出”带来的成就感与快乐，他变得更加自信，也学会了如何主动思考、积极表达。

李明夫妇为什么要这样做呢？他们的做法对我们的生活有什么启示？

答案：李明夫妇这样做是为了避免自己的孩子陷入奶嘴乐效应的陷阱中，以防孩子沉迷于低级趣味，最终丧失独立思考的能力。

从他们的做法中，我们可以学习到，若想让孩子远离奶嘴乐效应的陷阱，父母可以为孩子制订自律计划，同时也可以用一定程度的他律手段来保证；发掘孩子自身的兴趣爱好，培养其延迟满足的能力；还可以让孩子成为“输出者”，主动输出知识，培养独立思考的能力。

第五节　孩子，你再等等……

一　心理大剧场

我要！我要！我现在就要！！！

“妈妈，我要！”

“爸爸，我要！”

“爸爸妈妈，我现在就要！！！”

这是五年级小学生小明经常对父母说的三句话。作为独生子女的他，自幼便在蜜罐中长大，全家人都围着他转。和爷爷逛集市时，他只需随手一指想要的美食，爷爷便会立刻买下来；和父母逛超市时，他只需把心仪的玩具抱在怀里，父母结账时便会为他买下。

有一次，小明又看上了一款玩具，但价格不菲。妈妈温柔地说：“儿子，家里已经有这么多玩具了，这个就不买了。”小明非但没有被说服，反而坐在地上大哭大闹，引来周围人围观。为了避免尴尬，妈妈只好赶紧买下玩具，带着儿子离开商场。

小明如今已是一名高中生，因沉迷于手机游戏，成绩一直令人担忧。这天，父亲老王又接到老师的电话，得知儿子的成绩再次退步。他满心焦急地回到家中，发现小明一如既往地在沙发上刷短视频。他一把夺过儿子的手机，催促他赶紧看书学习。谁知小明立刻回怼了一句："给我！把手机给我！现在就把手机给我！"

这一瞬间，老王终于明白了孩子的问题所在……

二 慧眼识问题

案例中的小明是个典型的被溺爱的独生子女，由于所有的欲望都可以在短时间内被满足，导致他对于自己想要的东西产生理所当然的期待。这种过度的满足使他缺乏被拒绝和延迟满足的接受能力，进而导致他在面对挑战时，采取了逃避现实的方式，而不是努力解决问题。不仅如此，这种在家庭环境中长期处于被满足的状态会导致其缺乏沟通能力以及对权力和责任的理解，对其未来职业发展与个人家庭组建产生严重阻碍。

延迟满足效应是指为了长远的、更大的利益而自愿延缓或者放弃目前的、较小的满足。该效应最早由美国心理学家沃尔特·米歇尔通过棉花糖实验提出。

实验开始前，实验者给每一位参与实验的儿童讲解游戏规则："我把这块棉花糖放在桌子上，如果你能忍耐 20 分钟，等我回来再吃，那么到时候你就可以得到两块棉花糖。如果你在这 20 分钟里吃掉了这块棉花糖，那么我回来之后就不会再奖励你另一块了。"实验过程中，有的孩子选择立刻吃掉眼前的棉花糖，有的孩子克制住诱惑，最后高兴地拿着两块棉花糖走出屋子。

然而，实验并未就此结束，研究者继续进行十多年的追踪研究，他们发现那些当年选择"等一会儿再吃"的儿童在学业成绩上明显优于当年选择"立刻就吃"的儿童，职业发展也更为成功。

根据这个实验，研究者得出一个结论：那些善于调控自己情绪和行为，能够在诱惑前保持自控力，愿意为更大的目标忍一时之苦的孩子，将会有更大的成功希望。

三　职场小锦囊

究竟该如何正确运用延迟满足效应助力孩子成长，避免其滋生焦虑情绪呢？这里为大家提供三个小锦囊。

锦囊一：累积“星星”奖励，延时满足心愿

父母可以采用“积累小星星”等方式来延迟满足孩子的需求。例如，当孩子想要某样玩具时，父母可以与孩子约定用一定数量的“小星星”来兑换。“小星星”可以在平时通过做家务、考试进步、作业优秀等积极事件来兑换。当孩子攒够一定数量的“小星星”后，就可以得到自己喜欢的玩具。在这个过程中，父母一定要事先统一好奖励的标准，不可朝令夕改，从而失去原则性，使教育适得其反。

锦囊二：培育延时兴趣，远避奶嘴陷阱

我们知道如果长期沉溺于低级的、即时的、廉价的快乐中，人会变得乐不思蜀、丧失斗志。孩子若想逃离奶嘴的陷阱，延迟满足正是一剂对症的良药。父母可以让孩子从小就建立一些能培养延迟满足能力的兴趣爱好，例如读书、看电影、运动、弹钢琴等。这些爱好或许不如看爽文、刷短视频、打电子游戏那样在短时间内就给人强烈的刺激，但日积月累，那些沉迷于“奶嘴陷阱”的孩子仍在原地踏步，而前者则已超越许多。

锦囊三：渐进提升自控，延时满足助力

若孩子已经表现出一定的延迟满足能力，但并未达到目标，那么家长可以选择运用循序渐进的方式来逐步提高其延迟满足能力。比如，当孩子提出一些需求要家长立刻满足时，父母可以说：“我们一个小时后再吃（或再买）。”当孩子逐渐习惯一个小时的延迟时间后，父母可以逐步增加时间，直至达到培养自控力的目的。

四 生活练兵场

孙女士偶然间看见一篇关于延迟满足效应的推文。她浏览一番后，认为已经掌握该效应的核心内容。

回到家中，儿子满脸期待地向她央求："妈妈，今天我的好朋友鹏鹏买了一包跳跳糖，味道可好了，我也想尝试一下……"

"不行，等你下次考试成绩有所进步再说！"孙女士斩钉截铁地回答。儿子听后，一脸失落地转身离开。

晚餐时，儿子再次鼓起勇气开口："妈妈，明天就是周六了，我上午能出去玩一会儿吗？鹏鹏已经连续三周邀请我了，这次就让我去吧……"

"就你现在这样不听话，等到寒假再考虑吧。"孙女士毫不留情地拒绝。

深夜，孙女士隐约听到隔壁房间传来阵阵啜泣声，心中不禁一紧。她走过去，发现儿子正独自哭泣。

"唉——妈妈这都是为你好啊，等你长大了就会明白了。"她心中这样想着，默默地站在门外……

孙女士的做法出现了什么问题？这个故事给我们什么启发？

答案：孙女士的做法并不正确。她错误地将延迟满足效应应用于孩子的日常需求上，而非针对能够培养自控力的长远目标。孩子的基本需求和情感需要应及时满足，否则会影响其安全感和身心健康发展。这个案例启发我们，在运用延迟满足效应时，应慎重考虑，切勿盲目滥用，确保孩子的基本需求得到满足。

第六节　青少年早恋心理探秘

一　心理大剧场

父母阻挠竟成为孩子早恋的“助攻”？

佳轩是一名品学兼优的学生，性格开朗，面容姣好，吸引了众多男生的目光，也收到不少追求者的情书。她深知自己作为初中生的首要任务是努力学习，将来要考入重点高中。

尽管如此，情窦初开的佳轩还是对邻班的班长兼体委小宇产生了好感。每当看到他在足球场上飞奔的身影她的心中都会涌起一阵莫名的悸动。有一天，她发现自己的座位上有一封来自小宇的信，她心中激动不已。

读完这封信后，佳轩内心十分纠结，她最终还是决定以前途为重，暂时与小宇保持距离。几天后，她的母亲在收拾房间时偶然发现这封信。当天晚上，佳轩的父母轮番对她进行盘问，并严厉斥责她竟然有了早恋的念头。无论佳轩如何解释，她的父母都确信女儿已经开始早恋并且影响学习。面对沟通无果的困境，佳轩回到自己的房间，心想：“你们既然不相信我，那我就去恋爱！”

第二天开始，同学发现佳轩发生了巨大的变化。课间休息时，同学再也看不到那个伏在桌上埋头钻研的背影。她的学习成绩也出现明显的下滑。更令人费解的是，无论班主任采取何种措施：写检讨、请双方家长会面、通报批评等，佳轩和小宇的感情非但没有淡化，反而愈发浓烈。这让老师和家长都感到十分困惑。

二 慧眼识问题

在上述案例中，佳轩作为一个优秀的学生，对学业有着很高的期望。她起初对早恋并没有积极的态度，而且也意识到自己应该把重心放在学业上。可是，佳轩的父母在发现小宇的信件后，怀疑她动了早恋的心思。这种家庭压力让她感到困惑，尤其是当她解释自己的行为时，遭到父母的误解和责备。面对父母的不信任和指责，佳轩最终选择以对抗的方式来回应：她决定放下学业，走向相反的方向，与小宇发展更加亲密的关系。这种行为是一种心理反抗和寻求自主权的表现，也就是罗密欧与朱丽叶效应。

罗密欧与朱丽叶效应是指当出现干扰恋爱双方爱情关系的外在力量时，恋爱双方的情感反而会加强，恋爱关系会更加牢固。就如同莎士比亚的著名戏剧《罗密欧与朱丽叶》一样，虽然男女主角十分相爱，但由于双方家族是世仇，他们的爱情遭到阻碍。压迫并没有使他们分手，反而使他们爱得更深，直到殉情。

对处于青春期的孩子而言，他们正处于生理与心理发展的关键阶段，各项生理指标已接近成年人，心理上也开始逐步从儿童向成年人转变，希望自己可以自由的独处、交友，甚至恋爱。同时，随着独立意识的觉醒，青少年开始产生一定的叛逆心理，对父母所说的一切都会表现出一定程度的违拗。此时，父母对其自主所做的决定反对越强烈，越会遭到孩子的反抗，进而产生“越拆越热”的现象。

三 职场小锦囊

当发现孩子早恋时，家长难免会产生焦虑情绪，那究竟该如何避免罗密欧与朱丽叶效应的推波助澜，正确且恰当地与孩子沟通，带他们走过青春的雨季，同时也让家长实现工作与生活的平衡，做到职场不焦虑呢？这里为大家提供三个小锦囊。

锦囊一：成为贴心知己，化解青春迷惘

父母在意识到孩子对异性产生好感后，不要过度“灾难化”这一事件，而是可以将其当作一件平常事去处理，并站在孩子的角度与其交流。比如，父母可以分享自己当年青春期的类似经历，让孩子意识到父母其实也有过这样的经历，能够理解自己内心复杂的情感。只有当孩子认为父母不再是高高在上的指责者，而是平易近人的亲人时，后续的引导才会产生良好的效果。

锦囊二：展开“围炉夜话”，明晰情感前路

在孩子将父母划归为“自己人”后，父母可以详细询问事情的起因经过：孩子自己是如何看待这件事情的？如果现在开始发展一段恋爱将会得到或损失什么？爱情和友情的界限是什么？未来如何处理这段关系？只有将这一个个问题进行公开讨论，孩子才会明白如何看待这段关系，现阶段什么最重要，自己该如何处理这件事情。

锦囊三：提供明智建议，引领成长道路

当孩子清楚地意识到自己对异性产生爱慕之情的原因后，他们或许并不能立刻拿出一个合理有效的解决方案。此时，父母可以以一个“军师”的身份来为孩子出谋划策：比如对向自己表达爱意的异性给予正面的回应，肯定对方的勇敢与真诚，同时表明自己目前的想法与态度，让这段同学情谊不会因为一纸书信或一次交流而断绝，尊重他人的同时，也更清楚地认识自己。

四 生活练兵场

“刘老师，今天我注意到你们班的小华和小琴有些不对劲，每到课间两人就悄悄躲到楼梯角落聊天，该不会是早恋了吧？”

这已经是刘老师第四次听到任课老师反映小华和小琴可能早恋的情况了。她觉得有必要采取一些适当的行动。在每月调换座位时，她装作毫不知情地将两人安排成同桌。班上的同学在看到这样的座位安排时，都不由自主地发出了“哟”的一声，但刘老师仿佛没有听到，继续专心上课。

两个月后，同学们惊奇地发现这对“地下情侣”的情感并没有因为成为同桌而升温，反而变得更加冷静和客气了。下课后，他们也不再像往常一样形影不离，而是各自忙碌自己的事情。

周一的班会课上，刘老师选择了“异性交往的准则”作为主题，全班同学都听得十分认真……

为什么刘老师会采取如此的做法？这对我们处理孩子早恋问题有什么新的启发呢？

答案：刘老师的做法是为了避免罗密欧与朱丽叶效应的产生，以防导致“越拆越热”的尴尬结果。刘老师针对小华和小琴的早恋问题，采取了间接干预和引导教育的方法。她并没有直接找两人谈话，也没有在班上公开批评或强调这一问题，而是巧妙地通过调换座位，让两人成为同桌。这样的做法旨在打破两人原有的“地下恋情”模式，改变他们的相处环境，促使他们更加理性地看待彼此的关系。

第九章

温馨家庭的守护法则

第一节　多逛游乐园有利于增进夫妻感情

一　心理大剧场

心跳与心动

“玲玲，看你朋友圈发的照片，这个月又和赵哥一起去游乐园了？”

“是啊，我们俩有个约定，每个月至少给自己放一天假，一起去游乐园坐坐过山车、乘乘海盗船……”

“真不愧是年轻人，玩的都是很刺激的项目。你们就是单纯为追求那种心跳加速的感觉吗？”

“你只说对了一半。确实，这种强刺激性的娱乐项目对我们来说有一定的解压效果。更重要的是，在过山车冲到最高点然后一同下坠的那一刻，在海盗船上被甩到几乎与地面平行高度的那一刻，身边陪伴的那个人才是最重要的。每次游玩后，我们俩的心跳都明显加快，那感觉就和当初恋爱时初见的心动一样！”

“真的吗？我都不知道去游乐场还有这样的功效。”

“我一开始也很惊讶。有一次去游乐场前，我们刚吵过架，还在‘冷战’。可是当我们坐上游乐场的大摆锤时，不由自主地抓紧彼此的手，一起随着设备的摆动而尖叫。我们的关系也自然而然地‘破冰’了，不再互相生闷气了。”

二　慧眼识问题

在上述案例中，玲玲和爱人有一个约定，每个月至少放一天假一起去游乐园。在游完中，玲玲和爱人共同经历过山车的下坠、海盗船的甩动。这种共同体验加强了他们之间的情感联系，使得活动成为他们共同的记忆和情感纽带。该案例显示通过强烈的娱乐活动，特别是共同经历高度刺激的项目，能够加强个体之间的情感联系，产生积极的心理和生理效应，这就是吊桥效应。

吊桥效应是指当一个人提心吊胆地过吊桥的时候，会不由自主地心跳加快。如果这个时候，碰巧遇见一位有魅力的异性，那么他会错把由这种情境引起的心跳加快理解为对方使自己心动才产生的生理反应，故而对对方滋生出爱意。

1974 年，著名的心理学家阿瑟·埃伦曾在卡皮诺拉吊桥上做过一个经典的现场实验。

研究小组让一位漂亮的年轻女士站在桥中央，凡遇到年龄在 18–35 岁之间且没有女性同伴的男性过桥，她便告诉对方，她希望他能够参与正在进行的一项调查，她向他出示调查问卷，提出几个问题，并给他留下自己的电话。

然后，同样的实验在另一座横跨一条小溪只有约 3 米高的普通小桥上也进行一次。同一位女士向过桥的男士出示同样的调查问卷。结果走过卡皮诺拉吊桥的男性认为这位女士更漂亮，大概有一半的男性后来给她打过电话。而那个稳固的小桥上经过的 16 位不知名的男性受试者，只有两位给她打过电话。

关于婚姻问题，“七年之痒”是人们常常提到的一个问题：为什么婚姻是爱情的坟墓？为什么大部分夫妻在七年这个时间点会出现一系列的情感关系问题，甚至成为离婚的高峰期？这一点或许和生活中被日常琐事而淹没的情感需求有关，从情侣到夫妻，两人的日常生活被“单位—家庭”

的两点一线控制住，情感浓度不复当年。此时，若想让两人关系重新走入正轨，可采取上述的方式，利用吊桥效应来让心跳加速，重新体验当年心动的感觉。

三 职场小锦囊

那究竟该如何正确运用吊桥效应来为爱情保鲜，保持平和的心态，让职场与家庭共舞、远离职场焦虑呢？这里为大家提供三个小锦囊。

锦囊一：制造心跳机会，升温情感热度

根据吊桥理论我们可以知道，当个体心跳加速时，大脑会误以为这种现象是心动所致，从而增加内心的愉悦程度。所以，我们可以为平凡的生活“加点料”：可以是游乐场的游玩，可以是生日的惊喜，可以是登山的旅程，也可以是共看一部恐怖片……让心跳加速，也让情感升温。

锦囊二：共享挑战时刻，深化情感纽带

在吊桥效应的启示下，我们不仅可以通过外在的刺激引发心跳加速来增进情感，更可以携手面对挑战与难关，从而在心灵深处构建坚不可摧的情感纽带。一起参与那些需要团队协作或克服障碍的活动，如户外探险、创业项目、共同学习新技能等。在这些过程中，面对困难时的相互扶持、解决问题时的默契配合，都会让彼此的心更加贴近，情感会在共同经历的风雨中悄然生长。

真正的情感不仅源于瞬间的激情，更在于长久的陪伴与共同成长的过程。通过共享挑战时刻，我们将学会如何在对方需要时伸出援手，如何在困境中保持坚韧与乐观，这些宝贵的经历将成为情感中最坚实的基石，让爱情之树在风雨中更加茁壮地成长。

锦囊三：警惕效应陷阱，审慎选择伴侣

调查数据显示，我国的“闪婚一族”的离婚率高达65%。这其中很大一部分原因是当事人涉世未深，对终身大事考虑不周，只因一时好感就步入婚姻。结婚后发现两人相处不来，最后只能“闪离”。

因此，对于已步入适婚年龄的青年人来说，在建立亲密关系时要注意吊桥效应的陷阱。一方面，要提防一些“情感骗子”借助该原理操纵受害者，以达到骗财骗色的目的，另一方面，我们在面对自己的婚姻大事时，要保持清醒与理性，不被一时的心动冲昏头脑。要相信，真挚的感情值得我们踏踏实实地去了解，契合的伴侣值得我们用时间去甄别、去选择。

四　生活练兵场

秦女士近期结识一位新男友，且萌生了步入婚姻的想法。

他们的缘分起源于一次相亲网站的邂逅。初次见面时，秦女士对男方的外貌和收入都不太满意。因此，面对男方以后的见面邀约，她都礼貌而委婉地予以拒绝。

一个周末，男方再次发出诚挚的邀请。秦女士在男方执着地追求下，终于决定以尝试的心态赴约。男方精心策划了一天的行程，首先带秦女士前往游乐场，两人一同体验过山车等刺激的项目。晚餐后，他们又一同走进影院，观看一部深情款款的爱情电影。秦女士被电影情节深深触动，落泪之时，男友体贴地递上纸巾，给予她温暖的关怀与陪伴。

那一天，秦女士过得非常愉快，她发现眼前这位平凡的男人突然间变得魅力四射，让她感受到前所未有的“心动”。于是，两人的关系迅速升温，并做出结婚的重大决定。他们从相识到现在还不足四个月的时间。

秦女士为什么会有这么大的变化？她的决定是正确的吗？你对她有什么建议？

答案：秦女士的变化可以归因于吊桥效应的影响。在男方精心安排的约会中，过山车等惊险刺激的项目以及感人至深的爱情电影，都使得秦女士的心跳加速，大脑在这种刺激下产生了心动的感觉，从而增加了她对男方的好感。

关于秦女士的决定是否正确，这值得商榷：虽然吊桥效应能够在短时间内增加情感的热度，但它也会导致人们在情感上做出冲动的决定。在缺乏足够了解和沟通的情况下，迅速步入婚姻会带来一系列问题，如价值观不合、生活习惯不同等，最终会导致婚姻的破裂。因此，秦女士应在做出决定之前，先冷静下来，给自己和对方更多的时间去了解彼此，保持清醒的头脑，用理性去分析自己的感受和需求，以确保自己能够做出正确的决定。

第二节　相识虽不易，相知尤可贵

一　心理大剧场

夫妻和谐沟通的秘诀竟是“转移话题”？

小赵和玲玲是公司里的职员，也是众人眼中的模范夫妻。他们从大学相识，毕业不久便携手步入婚姻的殿堂，在大都市中扎根并开始共同奋斗。当被问及为何结婚多年依旧能举案齐眉、相敬如宾时，他们的回答是：对方很擅长为自己提供情绪价值。面对进一步的追问，他们分享出两个温馨的小事。

小赵说：“有一次，我在项目上遇到了挫折，回家后心情莫名焦躁，不想和任何人说话。吃饭时，我发现餐桌上又是白菜，忍不住嘀咕了一句‘天天吃白菜，也没见带来什么财运。’这本来只是一句无心的牢骚，玲玲却敏锐地察觉到我的不快。她温柔地问我：‘最近是不是项目上遇到问题了？能和我说说吗？’她的这句话就像为我打开了情绪的闸门，让我将满腹的苦水都倾倒了出来，心情也随之恢复许多。”

玲玲则回忆道：“有一天，一个同事散布谣言，说我这次业绩提升是因为和主管关系好。我听后郁闷了一整天。晚上回家后，看到我刚摆好的鞋子又被他弄乱，我实在忍不住冲他吼了一句：‘这个鞋子的问题我到底还要说多少遍？’他显然被我的态度吓到了。出乎意料的是，他下一秒就直接对我说：‘老婆，别生气了，鞋子的事儿先放一边。今天是谁又惹你不高兴了？跟我说说呗……’”

二　慧眼识问题

在这个案例中，小赵和玲玲展现出一种健康而互相支持的夫妻关系：小赵在项目受挫后感到焦躁，玲玲敏锐地察觉到他内心的不安后，并没有责备或忽视他的情感，而是以关切的方式询问项目是否出现问题，并鼓励他分享。这种理解和关心的反应让小赵感到温暖，他能够倾诉心中的困扰，最终让情绪恢复了稳定和舒畅。玲玲在面对同事传播的谣言和郁闷的情况下，尽管她对丈夫大吼，但小赵并没有以同样的情绪回应。相反，他通过关心的话语表达出对玲玲的理解和支持。这种积极的回应缓解了玲玲的情绪，为她提供了一个可以倾诉的空间。这种能够在对方需要支持时提供情绪价值，相互理解和关心的伴侣互动模式就是心理学中南风效应的应用。

南风效应也叫作南风法则或温暖法则，它来源于一则寓言故事：

有一天，北风和南风相约比试威力，看谁能率先把路上行人身上的大衣脱掉。北风首先施展威力，掀起一阵强劲、凛冽的寒风，想将行人的衣服吹走。可事与愿违，行人为抵御北风的寒冷，反而裹紧了身上的大衣。

后来南风则是徐徐吹拂，顿时风和日丽，行人感觉无比的温暖，继而脱掉大衣。因此，南风效应是指解决问题时要注重人的内在需求，满足人的情感需要，往往会取得良好的结果。

结合日常生活经历，我们会发现夫妻之间产生争吵和矛盾的原因往往是：过于强势、太过自我、缺乏换位思考、控制欲强。这些原因就像寓言里的北风一样，妄图用强硬的手段征服行人，可结果适得其反，反而让行人把大衣裹得更紧。夫妻双方如果能够站在对方的角度进行思考，抱着体谅和理解的态度进行沟通，就会像寓言里的南风一样，让彼此内心温暖。

三 职场小锦囊

那究竟该如何正确运用南风效应来避免婚姻问题所带给我们的焦虑，促进夫妻和谐沟通，让职场与家庭共舞，远离职场焦虑呢？这里为大家提供三个小锦囊。

锦囊一：探寻情绪根源，巧妙转移话题

面临伴侣突然施加负面情绪时，我们不妨像故事中的小赵和玲玲一样去思考：让对方情绪产生的底层原因是什么？仅仅是因为白菜不合口味和鞋子乱了吗？此时，我们可以试探性地转移话题，问一下伴侣为何情绪会有如此大的波动。不要小看这短短的一句话，往往会产生打开负性情绪“闸门”的奇效。

锦囊二：赞美伴侣行为，保鲜婚姻有方

多彩是爱情的本色，平淡是婚姻的本质。面对柴米油盐的琐事，夫妻二人之间必然会产生厌倦，这是人之常情。若夫妻两人忽视彼此之间的这种消极情绪，长此以往势必会导致矛盾加剧。让情感保鲜的秘籍之一就是夸赞对方。虽然只是一个简单的行为，但夸赞的背后，代表着对伴侣的肯定，对于其付出的认可以及发自内心的感激。“没有什么是理所当然”，对于伴侣为我们付出的一切，我们应当抱有感激之心，主动地向对方表达爱意、传递温暖。

锦囊三：主动认错破坚冰，携手前行更和谐

夫妻日常相处中，矛盾和争吵是在所难免的，之后往往会伴随着一段时间的“冷战”，这一点往往会让矛盾在彼此心中不断发酵，时间越长越会对双方的关系产生不利影响。这种“冷战”就好似另一种形式的“北风”，不断地吹拂着两人情感的“大楼”。此时，如果一方可以主动打破坚冰，承认自己在刚才的争吵中存在错误，给对方一个“台阶”下，让彼此的情绪回归到理性状态再进行交流。那么，争吵反而会成为一次了解彼此、拉近距离的机会，有助于家庭关系的和谐。

四　生活练兵场

一位在山中修行的老禅师月夜散步归来，碰上一个小偷正从他的茅屋里出来。他知道小偷在茅屋里找不到什么值钱的东西，便脱下身上的大衣披在受到惊吓的小偷身上，说道：“你走老远的山路来探望我，总不能让你空手而回呀！”望着消失在夜色中小偷的身影，老禅师感慨地说：“可怜的人呀，但愿能送一轮明月给你！”第二天早上，老禅师睁开眼睛，便看见那件披在小偷身上的大衣整整齐齐地放在门口。老禅师高兴极了：“我终于送了他一轮明月！”

小偷为什么最后将大衣还回来呢？这对于我们处理婚姻关系有什么启发？

答案：小偷之所以将大衣还回来，是因为老禅师的行为深深触动了他的内心，这正是南风效应所带来的心理影响。同样，这个故事对于我们处理婚姻关系也有深刻的启发，在与伴侣相处时，我们应该保持理解和宽容的心态，善于表达感激和认可及主动找机会寻求和解，这样才能让婚姻关系更加稳固和幸福。

第三节　切断坏情绪的传染链

一　心理大剧场

“小猫被踢”的根源竟是董事长?

由于公司员工的出勤率不稳定，董事长决定推行打卡制度，要求包括自己在内的所有员工都必须按时进行打卡。

一天，董事长在赶往公司的途中，因超速行驶而被处罚，到公司也迟到了，这让他心情极为郁闷。

进办公室后，他发现张主管已等候多时，有工作汇报。然而，董事长此时正憋着一肚子火，便对张主管说了一句：“出去！”张主管被这突如其来的训斥弄得一头雾水，因为这次工作汇报的文件是他昨晚连夜赶出来的。

他感到十分委屈，一整天的工作都不在状态……

下班后，情绪低落的张主管回到家里。他看到儿子躺在沙发上刷短视频，气就不打一处来，数落了儿子一顿，指责他不求上进、玩物丧志。儿子的心情也变得非常烦躁。他回到自己房间后，发现小猫睡在自己的床边，于是狠狠地踢了它一脚……

二 慧眼识问题

该案例展示了一个因为领导的不公平对待而导致负面情绪连锁反应的情况。从董事长的不满情绪开始，他与张主管的互动，影响张主管的情绪，最终传递到张主管与儿子之间的关系。这种连锁反应表明在日常生活中，如果我们不能够及时终止负面情绪的传递，那么它产生的“传染”效果会不断蔓延，最终形成了一种踢猫效应的负面传播链。

踢猫效应是指个体会对弱于自己或者等级低于自己的对象发泄不满情绪，从而产生坏情绪传染的连锁反应。例如鲁迅先生笔下的阿 Q，在被财主和外人欺负后，心中愤愤不平，想揍别人来发泄一下，可是他由于饿着肚子，所以连不如自己的小 D 也打不过，最后只好去欺负小尼姑，最后就内心平衡了。

情绪是行为的内在动机，行为是情绪的外在表现。这种负面情绪传染的现象不仅出现在文学作品中，在我们的工作与家庭生活中也常常出现：自己明明是在公司中受了委屈、有了情绪，回到家后还要把这一股怨气释放到自己家人身上。自己明明是在家庭中没有处理好亲子关系、夫妻关系，来到公司后却要把这一份“焦躁”传播到同事之间。

三 职场小锦囊

那究竟该如何逃离踢猫效应的怪圈，让我们能够远离焦虑，开心快乐地工作和生活，做到职场不焦虑呢？这里为大家提供四个小锦囊。

锦囊一：识别情绪状态，避免焦虑失控

健康而稳定的心理状态来自个体对自我清醒深刻地认识。若想要跳出踢猫效应的怪圈，对情绪的自我识别和判断是必不可少的。在工作中，我们有时会忙到焦头烂额，整个人也处于莫名的焦躁中，此时我们要清醒地意识到自己的情绪处在一个不太好的状态，需要进行一些调整才能够避免后续的失控。

锦囊二：宣泄负面情绪，谨防内心郁积

当对自己的情绪识别完成后，我们需要选择适当且合理的方式进行宣泄，不让负面情绪在我们的心中郁积。例如，在结束一天的工作后，我们可以选择步行回家、听听音乐、看一场球赛、与同事或好友小聚等方式来转移注意力、倾诉情感，将坏心情止于当下。

锦囊三：做好角色转换，满怀快乐回家

工作中的压力常常会让我们“身在曹营心在汉”，虽然人在家中，可心中反复思考的还是工作中的琐事。因此，我们可以在家里的门厅区域张贴一个“进门前，请‘脱去’烦恼；回家时，带快乐回来”的标语，利用提示物来提醒我们。

锦囊四：提高情绪自控，切忌盲目反击

情绪是心中的海洋，时而风平浪静，时而波涛汹涌，而我们每个人都是航行在海上的一艘帆船。当遭遇狂风骤雨时，唯有适时地调整帆的方向，提高情绪自控力，才能避免发生踢猫的悲剧。所以，当发现别人对自己施加负面情绪时，我们要做的不是立刻反击或者选择去伤害弱者，而是可以“停一停、缓一缓”，待双方都回归理性后再进行交流沟通，往往会收获不错的效果。

四　生活练兵场

在一家温馨的餐馆内，一位顾客突然指着面前的杯子，对一位女服务员大声嚷道：“你们的牛奶是坏的！把我的茶都毁了！”面对这突如其来的指责，服务员连忙致歉：“非常抱歉！我马上为您换一杯。”不久，一杯新泡的红茶被端了上来，旁边还摆放着新鲜的柠檬片和一瓶牛奶。这时，女服务员轻声细语地提醒：“先生，如果您打算在红茶里加入柠檬，那就先不要加牛奶哦，因为柠檬酸会让牛奶结块的。”顾客闻听此言，脸上闪过一丝尴尬的红晕，低声说了句“谢谢”，语气中的愤怒也明显消散了。

旁边的另一位顾客目睹了这一幕，好奇地问女服务员：“明明是那位顾客的错，您为什么没有直接指出呢？”服务员微笑着回答：“正因为他当时情绪很激动，所以我才选择用委婉的方式来处理。”

案例中的服务员如何阻断坏情绪的传播呢？我们可以从中学习到什么？

答案：案例中的服务员以智慧和耐心成功阻断坏情绪的传播，没有陷入踢猫效应的负面情绪传播链中。她首先冷静应对顾客的愤怒，通过更换红茶并提供新牛奶来解决问题。接着，她以柔和的方式解释柠檬与牛奶的反应，既解决了问题又维护了顾客的尊严。

我们可以从中学到：首先，识别情绪状态是关键，要避免因自身情绪失控而加剧冲突。其次，合理宣泄情绪，防止负能量堆积。最后，提高情绪自控力，避免盲目反击，通过冷静思考和理性沟通来解决问题。

第四节　人生路上角色多，别拿错生活的剧本

一　心理大剧场

是主管、是丈夫、是父亲、是儿子

钱总是一家上市公司的总经理，他在职场上雷厉风行、决策果断，带领项目组攻克一个又一个难关，多次被评为公司的劳动模范。与他事业上的顺风顺水相比，他的家庭生活却显得杂乱无章，这究竟是怎么回事呢？

这天，钱总下班回到家中，依然心事重重，因为他还在想着项目会议上董事长那句“用户定位不够精准，市场调研样本量不够”的评价。这时，妻子走过来抱怨最近家里的开销挺大。这原本只是一句随口之言，沉浸在工作角色中的钱总却不由自主地用起了在公司解决问题的思维，对妻子说：“把这半年来的花销列成个表格，标清楚各类花销的具体金额，然后……”

“你怎么不去做？”妻子立刻反问道，“一听到你这种语气我就烦，这里是家，不是公司！”

一会儿，女儿放学回家了。她本想得到爸爸的欢迎，没想到听到的第一句话是“今天考得怎么样？比上次有进步吗？”女儿翻了个白眼，敷衍地回复了一句就走开了。

晚饭后，钱总给母亲打电话。得知她最近肠胃不太舒服，他建议母亲来市里做个检查，母亲却以“没必要花这个钱”拒绝了。这时，钱总又不自觉地用起在公司里的语气对母亲说：“不要再说了，听我的就准没错！”

电话那头的母亲沉默了几秒，然后说：“行吧，儿子，我听你的……”

通话结束后，钱总心里一直纳闷：为什么我做的都是关心家人的事，可他们看起来却并不高兴呢？

二　慧眼识问题

在上述案例中，钱总的困惑反映了一个人在平衡事业和家庭时遇到的挑战，以及他在两者之间存在的交叉影响。虽然他在事业上表现出色，取

得了公司的认可，但这种成功在家庭生活中并没有得到良好的反映。这是因为他把在公司中的决断和工作方式复制到家庭生活中，导致沟通和处理问题方式的固化。他在家中似乎难以从工作的紧张氛围中解脱出来，对董事长的批评反应过度、简单粗暴地对待妻子的抱怨、对孩子缺乏贴心的沟通、对母亲的命令式语气都表明他难以在家庭和事业之间建立起清晰的界限，没有完成家庭与工作角色的转换。

角色紊乱效应是指当个体在不同情境中扮演的角色发生混淆、交叉或失衡时所引起的一系列失调反应。例如案例中的钱总，他的身上至少有四重角色：主管、丈夫、父亲、儿子。可是他并没有很好地完成角色间的切换：对本应平等交流的妻子采用命令式的语气；对本应给予关爱的女儿使用“唯成绩论”；对本应尊重的母亲缺乏耐心……这些行为不应该出现在这三个角色的任何一个身上。但是钱总没有及时做好角色切换，依然将总经理那一套行事风格带到亲人身边，这不仅会让身边的人无所适从，也会让自己陷入迷惑：我的出发点明明是好的，他们怎么就不理解我呢？殊不知，许多通往冲突的道路往往是由善意铺就的。

三 职场小锦囊

那究竟该如何避免角色紊乱效应所带来的来负面影响，做好角色转换，让工作与家庭平衡发展、实现职场不焦虑呢？这里为大家提供三个小锦囊。

锦囊一：梳理角色清单，明辨身份定位

角色紊乱效应的核心问题在于个体无法梳理清楚在不同环境中自己所担任的角色以及对应的角色功能。我们不妨在空闲时间拿出一张白纸，在上面写出自己在与人交往过程中所担任的角色，包括父母、夫妻、子女、朋友、主管等，之后思考每一个角色所具备的特点以及任意两个角色之间的异同点是什么，当梳理完成后，我们对自我的认知也会更上一层楼。

锦囊二：学会角色切换，适应不同身份

当梳理清楚自己所担任的角色后，下一步就是培养自己切换角色的能力。比如可以在早晨到达办公室后，在脑中默默温习一下自己即将担任的角色特点，并完成转换。下班后，在敲开家门前，我们也可以在心中回顾一下面临家人所要保持的语气和态度，给自己一个有意识的角色切换，从而避免无意识所带来的角色紊乱。

锦囊三：开放沟通求助，共解角色困境

当陷入角色紊乱时，我们可以主动与身边人交流，表达自己在角色切换中的困难，寻求他人的理解与支持。在大部分情况下，对方也会报以理解的心态来与自己进行讨论，共同寻求双方满意的解决方法。

四　生活练兵场

阿力是一位中年男性，同时也是一位成就斐然的软件工程师。尽管在事业上取得了显著成就，但在家庭生活中，他遭遇了一系列的角色冲突与困扰。

由于项目带来的巨大压力，阿力开始感到在家庭与事业之间难以找到平衡。他经常需要晚上加班，因此错过了很多家庭聚餐和陪伴孩子的宝贵时间，这让他的妻子倍感孤独和沮丧。同时，阿力在工作中也感受到日益增加的压力。频繁的加班导致他的工作效率下滑，甚至开始对同事和下属表现出不耐烦的情绪。他在家庭与事业之间陷入一种紧张的状态，使两边的关系都变得紊乱不堪。

阿力的孩子也敏锐地察觉到家庭氛围的变化。由于缺乏家长的关心和指导，孩子在学校的表现开始下滑。阿力试图通过在周末花更多时间来陪伴孩子，由于长时间的疏远，孩子对他的陪伴表现出冷淡的态度。

最终，阿力意识到在追求事业成功的同时忽略了家庭。他决定重新调整自己的生活节奏，思考自己所承担的各个角色背后的价值。为了提醒自己，他在车上贴上了“整理好情绪再回家”的文字贴纸。不仅如此，他还与妻子进行真诚的对话，坦诚地表达自己的内心想法和改变的意愿。从此，他开始积极地投入家庭生活，努力与孩子建立更紧密的联系，并调整工作时间，更好地做到事业与生活平衡。

主人公阿力出现了什么问题？他是如何解决的？

答案：主人公阿力出现了角色紊乱的问题。他通过以下几个关键步骤成功解决问题，找回工作与家庭的平衡。

首先是梳理角色清单：阿力意识到自己在家庭和工作中的多重角色造成他的紊乱。他首先列出并审视自己扮演的角色：父亲、丈夫、软件工程师等，并思考每个角色所要求的行为和期望；其次是学会角色切换，在明确自己的角色后，阿力开始培养自己在不同角色之间切换的能力；最后是用沟通打破困局，阿力意识到，与家人的沟通是解决角色紊乱问题的关键。他与妻子进行真诚的对话，表达自己的内心想法和改变的意愿。这种沟通不仅增进他们之间的理解，也帮助阿力获得了家人的支持。

第五节　说者虽无意，听者却有心

一　心理大剧场

母子间的沟通鸿沟

程程作为一名大学新生，对大学的一切都充满好奇：社团、课程、学生组织。他渴望参与各种活动，不仅报名参加乒乓球社团，还加入学生组织，并通过竞选成为班长。他满怀期待，认为自己的大学生活将会丰富多彩。

后来他发现并非如他所想。他的生活变得异常忙碌，几乎没有属于自己的时间。

这天晚上，程程忙完所有的事务，疲惫不堪地离开教室。此时，他接到妈妈的电话。他本想借此机会发发牢骚，倾诉心中的郁闷和不满。妈妈一开口就问起他的学业问题。

“最近上了什么课？”

“作业都写完了吗？”

“什么时候期末考试？你准备得怎么样了？”

“你有信心拿到奖学金吗？”

程程耐着性子一一回答后，终于忍不住说：“除了学习以外，我们就不能聊点儿别的吗？”

电话那头的妈妈愣住了，她不解地问：“那你还想聊什么呢？”

这句话像一根刺，深深地扎进程程的心里。他原本希望和妈妈分享生活中的点滴，听听长辈的看法和建议。但妈妈的态度让他感到表达欲望瞬间熄灭，随之而来的是不被理解的苦闷。

“那就聊到这吧。”程程说完这句话后，便挂断了电话。此后很长一段时间，他都没有再和妈妈通电话。

妈妈也感到十分困惑：“我只是单纯地想问问儿子还想聊什么，他为什么却突然不说话了呢？”

二 慧眼识问题

这个案例涉及程程在大学生活中的心理困扰和与妈妈之间的沟通问题。

当程程想要与妈妈分享自己的感受时，妈妈的提问主要集中在学业方面。这表明两者之间对谈话的期望不匹配，程程希望涉及生活的其他方面，而妈妈关注的主要是学业。同时，妈妈的提问被程程视为压力和过分关注学业的表现，而非真正的关心。这种沟通带来的冲突不仅导致程程感到被束缚和不被理解，也让妈妈对于孩子的激烈反应感到莫名其妙，从而让沟通骤然中断。这就是观察者偏差。

观察者偏差是指由于观察者个人的动机和预期导致的错误。简而言之，就是我们常说的“说者无意，听者有心”。在日常与子女沟通过程中，父母常常“踩雷”的原因也是如此。就像案例中的母亲，她说出的那句“我们除了学习以外，还想聊什么呢？”其实是发自内心的真诚提问，她希望孩子听到这个疑问后，可以告诉自己下一个话题聊什么。但同样一句话，传递到心身俱疲的儿子耳中则会被解读为“连妈妈都不在乎我过得快不快乐，我真的好孤独”，双方此时都站在自己的角度去思考问题，因而就产生误解，导致谈话不欢而散。

三 职场小锦囊

那究竟该如何避免观察者偏差造成的亲子间交流的误解，营造平和温馨的家庭氛围，实现工作与生活相平衡，做到职场不焦虑呢？这里为大家提供三个小锦囊。

锦囊一：学会耐心倾听，知晓孩子心声

当我们在与孩子交流时，首要目的是让彼此理解对方的观点。此时，父母应该学会倾听并掌握一定的谈话技巧。例如，在孩子向自己倾诉负面情绪时，家长可以多用“你当时的想法是什么？”“你觉得××事应该怎么处理？”“所以你的想法是……对吗？”这样的问询式句式，让孩子感受到自己的观点被认真聆听。切忌频繁地打断和武断地批评，这往往会将沟

通扼杀于摇篮之中。

锦囊二：换位思考沟通，避免说教误区

与子女进行沟通时，父母应该保持换位思考的心态，站在孩子的角度去考虑问题，而不是以一个“过来人”的身份强行要求他们按照自己的意愿去做。当说教的话即将脱口而出时，可自问如果位置互换一下，自己会欣然接受吗？所以，最好的沟通永远不是居高临下的说教，而是平等交流、互相理解。

锦囊三：频繁交流思想，共解亲子难题

除了上述两点之外，观察者偏差产生的关键原因就是交流频率过低。如果程程和母亲能够每周都至少交流一次，互相分享一下最近发生的事情和彼此的看法，观察者偏差导致的误解就会减少。所以，若想双方能够准确地接收对方所发出的信息，增加交流频率、频繁交流思想、共同探讨问题则是一种治标又治本的方法。

四　生活练兵场

强强今天考试得了一百分，他兴奋不已。放学铃声一响，他便迫不及待地收拾好书包，蹦蹦跳跳地冲出教室，想要第一时间把这个好消息分享给爸爸妈妈。

刚出门强强就碰到班主任，看到他如此兴奋，老师随口说了一句：“强强，你还挺得意的嘛！”这句话在强强听来，仿佛在暗示他的成绩只是偶然，下次可能就无法取得这样的好成绩了。他的心情顿时像坐过山车一样，从巅峰跌入谷底。他越想越难过，回家的脚步也变得沉重。到家后，他委屈地躲进房间哭了起来。

爸爸看到强强伤心的样子，起初以为他身体不舒服或者被同学欺负了。一问才得知原来因为老师的那句话，强强的心情就发生巨大的转变。强强抽泣着说："老师之前说过，得意就是骄傲，骄傲是不好的，骄兵必败。老师会认为我这次考试成功只是偶然，下次会退步……"

强强为什么会如此伤心？如果你是强强的爸爸，你将怎样安慰儿子呢？

答案：由于观察者偏差，强强认为老师不认可他的努力和进步，而将老师一句简单的话语解读为负面的嘲讽。

首先，强强的爸爸可以选择耐心倾听的方式来理解孩子内心的失落和郁闷，同时也肯定孩子所取得的成绩不是一时幸运，是自己努力奋斗的结果。

然后，还可以与孩子一起分析老师的话中之意。骄傲确实是一种不好的表现，但得意并不完全等同于骄傲，得意也包含对自己成绩的喜悦。肯定孩子的正面情绪并解读老师言语的正确含义。

同时，还可以鼓励孩子要多和老师、同学沟通交流，分享彼此的看法和想法，这样可以避免产生误解和隔阂。

最后，强强爸爸还可以告诉孩子，无论遇到什么困难和挫折，都要保持积极的心态和乐观的心情。相信自己一定能够克服困难，取得更好的成绩。